DESIGN DE CENÁRIOS DE VIDEOGAMES

 Os livros dedicados à área de Design têm projetos que reproduzem o visual de movimentos históricos. Neste módulo, as aberturas de partes e capítulos fazem referência aos letreiros do cinema mudo e às aberturas e aos encerramentos dos desenhos animados que lotaram as salas de exibição na primeira metade do século XX.

DESIGN DE CENÁRIOS DE VIDEOGAMES

Lúcia Maria Tavares

Rua Clara Vendramin, 58 . Mossunguê . CEP 81200-170 . Curitiba . PR . Brasil
Fone: (41) 2106-4170 . www.intersaberes.com . editora@intersaberes.com

Conselho editorial
Dr. Alexandre Coutinho Pagliarini
Dr². Elena Godoy
Dr. Neri dos Santos
Dr. Ulf Gregor Baranow

Editora-chefe
Lindsay Azambuja

Gerente editorial
Ariadne Nunes Wenger

Assistente editorial
Daniela Viroli Pereira Pinto

Edição de texto
Mycaelle Albuquerque Sales
Letra & Língua Ltda. – ME
Guilherme Conde Moura Pereira

Capa
Charles L. Silva (*design*)
Krasovski Dmitri/Shutterstock
(imagens)

Projeto gráfico
Bruno Palma e Silva

Diagramação
Débora Gipiela

Responsável pelo *design*
Débora Gipiela

Iconografia
Sandra Lopis da Silveira
Regina Claudia Cruz Prestes

Dados Internacionais de Catalogação na Publicação (CIP)
(Câmara Brasileira do Livro, SP, Brasil)

Tavares, Lúcia Maria
  Design de cenários de videogames/Lúcia Maria Tavares. Curitiba: InterSaberes, 2022.

  Bibliografia.
  ISBN 978-65-5517-353-6

  1. Animação por computador 2. Cenários de videogames 3. Computação gráfica 4. Jogos para computador – Projetos I. Título.

21-84687   CDD-794.81526

Índices para catálogo sistemático:
1. Jogos por computador: Design   794.81526
      Cibele Maria Dias – Bibliotecária – CRB-8/9427

1ª edição, 2022.
Foi feito o depósito legal.
Informamos que é de inteira responsabilidade da autora a emissão de conceitos. Nenhuma parte desta publicação poderá ser reproduzida por qualquer meio ou forma sem a prévia autorização da Editora InterSaberes.
A violação dos direitos autorais é crime estabelecido na Lei n. 9.610/1998 e punido pelo art. 184 do Código Penal.

SUMÁRIO

Apresentação 8

1 **Jogos: conceito, elementos comuns e aspectos de seu desenvolvimento** 14
 1.1 Estética dos jogos 17
 1.2 Elaboração de projetos de jogos 21
2 **Design de cenários** 66
 2.1 Técnicas para construir cenários: grafite, aquarela e tinta guache 69
 2.2 *Pixel art* 71
 2.3 Cenários 3D: desenvolvimento, conexão com a realidade e efeitos sobre os jogadores 87
3 **Tecnologias e métodos para programação de cenários** 94
 3.1 Cocos2d-x 97
 3.2 Ferramenta Tiled 100
 3.3 *Bricking* 103

4 Atribuição de "vida" ao jogo e seus componentes 110

4.1 *Pathfinding* e agentes 112

4.2 Lógica *fuzzy* 117

4.3 Sistemas de regras e máquinas de estados finitos 119

4.4 Redes neurais 123

4.5 Estado da arte da inteligência artificial em jogos 129

5 Jogos *indie* 138

5.1 Características dos jogos *indie* 140

5.2 Exemplos de produções *indie* 141

Considerações finais 150
Referências 152
Sobre a autora 162

APRESENTAÇÃO

Na discussão sobre cenários em jogos digitais, é praticamente impossível dissociá-los dos personagens e de outros elementos que constituem essas obras, uma vez que tudo está interligado pela criação artística, que dá coerência e um tom atraente ao jogo e à sua narrativa de fundo.

Em razão dessa integração, nesta obra, traçaremos um denso panorama sobre todo o processo de desenvolvimento de videogames. No Capítulo 1, conceituaremos jogo, explicaremos a relevância de seu componente estético (o primeiro com que o jogador tem contato ao jogar e que nele desperta diversos sentimentos e expectativas), assim como descreveremos as etapas de criação de jogos: da definição de sua ideia central (por meio de técnicas como *bodystorming* e seis chapéus pensantes), passando pela construção de protótipos para testar componentes do jogo, até a aplicação de padrões de design e a resolução de problemas nesse sentido – o que configura um percurso de trabalho similar ao *design thinking*.

No Capítulo 2, demonstraremos como os cenários podem começar a tomar forma por meio de técnicas como aquarela e grafite, detalharemos a evolução do estilo *pixel art* e seu impacto no cenário *gamer* (como remete à nostalgia, permite criar obras sem investimentos elevados etc.) e pensaremos a construção de cenários 3D tendo em vista a realidade concreta e os efeitos que eles podem gerar sobre os jogadores (medo, tristeza, ansiedade etc.).

No Capítulo 3, explanaremos como esses cenários são edificados digitalmente graças a recursos como Tiled e *bricking*. Já no Capítulo 4, esclareceremos como os componentes do jogo (seus personagens e até cenários) adquirem "inteligência", apresentando comportamentos menos previsíveis e embasados nas informações que coletam nos ambientes, por meio do uso de algoritmos, sistemas etc. Por isso, discutiremos um pouco sobre lógica *fuzzy*, redes neurais, entre outros tópicos, apresentando, ainda, o estágio evolutivo mais elevado que a inteligência artificial em jogos digitais alcançou até o momento.

Por fim, como nosso objetivo é oferecer ao leitor ferramentas e conhecimentos necessários para que seja capaz de desenvolver a ambientação de seus jogos, no Capítulo 5, versaremos sobre as produções independentes (*indie*): suas características, os profissionais envolvidos, as dificuldades que encerram etc. Examinaremos os aspectos gráficos e narrativos (até mesmo sonoros) de diversas obras do tipo, considerando todos os conteúdos abordados nos capítulos anteriores, de modo que sirvam de inspiração ao leitor.

Esperamos que esta leitura contribua significativamente para a formação de desenvolvedores e designers dispostos a atuar de maneira criativa e consciente nos mais diversos contextos. Desejamos a todos excelentes reflexões!

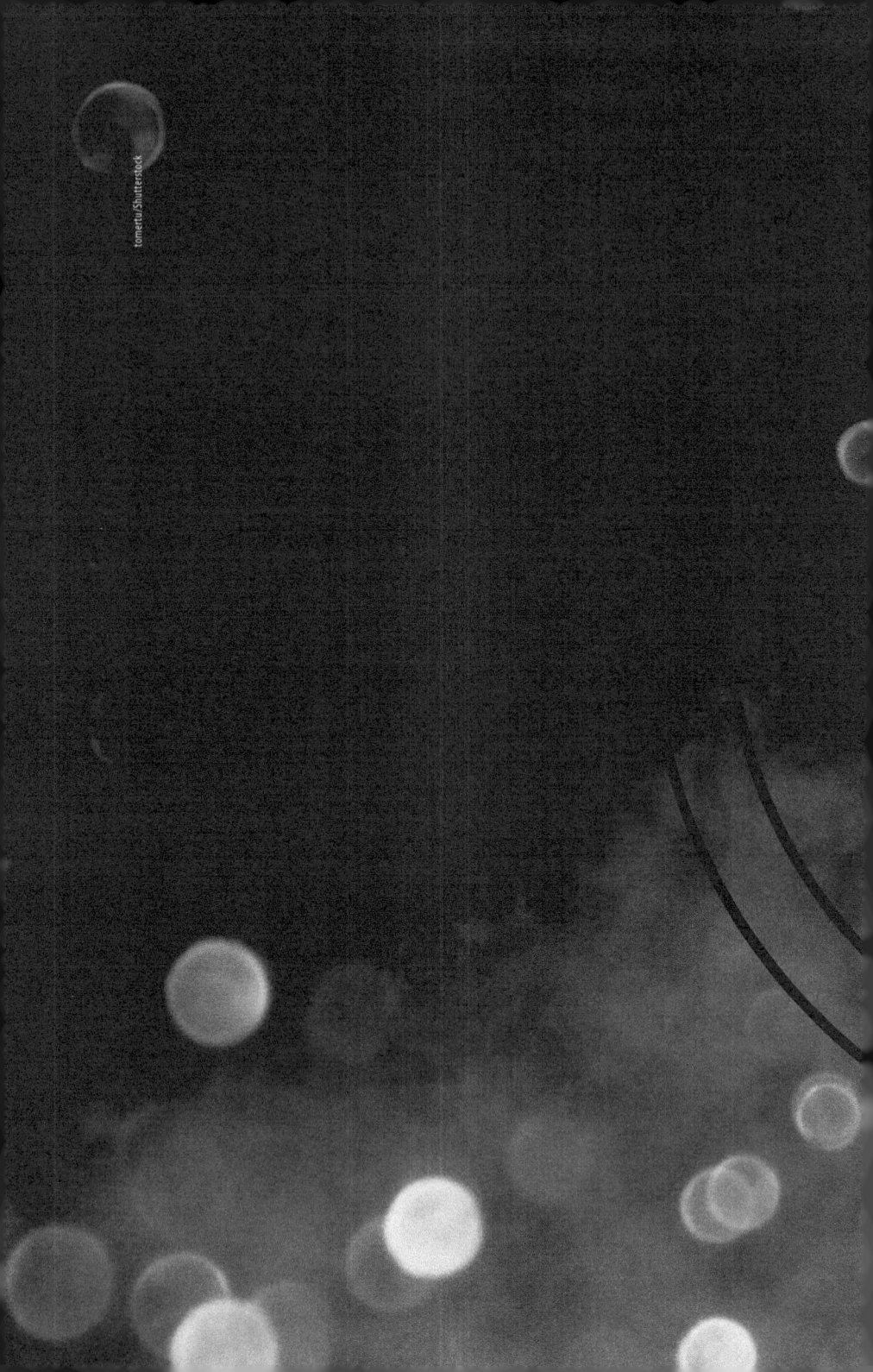

CAPÍTULO 1

JOGOS: CONCEITO, ELEMENTOS COMUNS E ASPECTOS DE SEU DESENVOLVIMENTO

Consideram-se *jogos* aqueles que podem ser jogados em computador, videogame, tabuleiro, papel e nas mais diversas superfícies. Embora existam diferentes modalidades, é possível identificar três elementos comuns entre essas produções: 1) **regras**, 2) **interações e cultura** e 3) **trabalho**. Os três aspectos, juntos, possibilitam aos jogadores uma experiência significativa nesse mundo virtual.

Os designers não podem projetá-los individualmente, já que cada escolha feita no processo de design do jogo afeta todos eles, e alguns dos efeitos disso só podem ser observados em testes e análises futuras. Uma vez definidos os objetivos do jogo em produção, o designer pode escolher o melhor caminho de desenvolvimento, visto que, quando tal projeto se apoia em regras, interações ou cultura, seus resultados podem mudar de várias maneiras.

Nessa direção, o objetivo é aplicar técnicas de ilustração como método diferenciador, expressando-as representativamente, como o modo que o jogador as reconhece e de que maneira isso afeta sua interação. O principal caminho a ser traçado é o da interação: pensar primordialmente na relação do jogador com as técnicas de ilustração escolhidas e demonstradas por meio de mecânicas, elementos e personagens.

Portanto, aspectos relacionados às regras e à cultura evidenciam as escolhas feitas para a interação, potencializando a idealidade do jogo. Depois de definir as diretrizes do projeto de jogo, é preciso determinar os elementos necessários para a criação do jogo e como se relacionam com a tomada de decisão.

De acordo com Schell (2011), há quatro **elementos básicos da criação de jogos**: 1) mecânica, 2) estética, 3) história e 4) tecnologia.

A **mecânica** é a regra e o objetivo do jogo. Ela indica o que pode ou não ser feito em tal universo e o que acontece quando o jogador decide executar uma ação. Trata-se de uma das principais características que diferenciam essa produção de outras formas de entretenimento.

A **estética** é entendida como a "cara" do jogo, ou seja, sua imagem visual, que configura todo o universo dessa produção, permitindo ao jogador emergir nele, e o torna reconhecido pelo público por seu estilo.

A **história** é o conteúdo a ser contado, a sequência de eventos que se desenrolam à medida que o jogo avança, a informação a ser transmitida ou apenas o pano de fundo que prova que a ação do jogo é razoável. Como qualquer trama, pode ser linear ou não, mais realista ou fantasiosa, dependendo do "estilo literário" do roteirista (que pode ou não ser game designer).

Por fim, a **tecnologia** é qualquer material ou equipamento (papel, lápis ou computador de última geração) usado no desenvolvimento de jogos. Esse é um fator limitante, visto que determina o leque de possibilidades para a realização do projeto.

O interessante é que esses quatro elementos sempre coexistem, apoiando-se e enfatizando-se como pilares de um mesmo alicerce: os jogos.

1.1 Estética dos jogos

Na criação de jogos digitais, a tecnologia, a narrativa, a mecânica e a estética são igualmente importantes. Contudo, a estética se configura como a camada mais visível para o jogador (o cenário) e está diretamente vinculada à sua experiência no jogo. Nesse sentido, os usuários experimentam primeiro a estética por meio do design visual, dos quadros do cenário e dos sons e sentimentos produzidos por esses componentes, o que converte o imaginário em um mundo do real.

Portanto, a arte está embutida em todas as partes de um jogo e torna-se mais perceptível a partir de sua concepção e de seu planejamento. Ela é a base dessas produções e a responsável por, a princípio, fascinar nossos olhos, atraindo-nos para um mundo mágico simulado e no qual precisamos superar desafios para sobreviver e evoluir.

Schell (2008) enfatiza que o prazer estético em um jogo não deve ser ignorado. Isso é proporcionado por cenários bem-feitos, artes requintadas. Em cada objeto do jogo e da dinâmica envolvida, é evocado o senso de recompensa do jogador. Para que a beleza do jogo corresponda às expectativas dele, os artistas costumam empreender muitas pesquisas e experimentações durante o desenvolvimento da obra.

Quando o jogo está no campo das ideias, é possível analisar sua viabilidade e visualizar uma história com cenas e personagens, dois elementos que precisam ser compreendidos plenamente para que se interprete o enredo.

A criação artística é, então, transformada e organizada para tornar a história interessante, coerente, charmosa e convidativa. Os cenários são parte fundamental desse processo e, por meio do uso de diversas plataformas tecnológicas, essa arte é convertida em cenários, indo de castelos a florestas densas com árvores enormes. Tudo é projetado para ser o mais realista possível para que os jogadores compartilhem uma experiência única no comando de todas as ações. Um exemplo disso pode ser observado na imagem a seguir: uma simples porta cria múltiplas possibilidades de cenário, sugerindo que distintos acontecimentos podem ocorrer ao ser atravessada.

Figura 1.1 – **Portas de castelo**

Vectorpocket/Shutterstock

Também é importante percebermos que a arte molda todas as informações exibidas na tela, ou seja, a interface do jogo digital: painéis, botões, efeitos especiais etc. Trata-se de elementos fundamentais para conferir veracidade (pelo menos dentro do universo do jogo) ao que está acontecendo na história. Quando empregados na criação das capas desse tipo de produção, eles ganham ainda mais relevância.

O desenvolvimento de games sempre incentivou a aplicação dos mais diversos estilos de criação, mesmo que por meio da simples produção técnica, bem como fez emergir inovações e tendências de uso posterior na indústria. A liberdade de produção sempre atraiu game designers, que a veem como uma oportunidade de desenvolver jogos diferenciados, superando a simplicidade narrativa e de interação dos jogadores com o jogo por meio de soluções criativas.

É natural pensarmos que produtos com características já muito bem-sucedidas receberão mais investimentos porque já são familiares ao usuário final e, desse modo, é possível utilizar uma equipe maior em sua criação e desfrutar de uma distribuição de games mais moderna. Em contrapartida, obras com maior liberdade criativa e nenhuma certeza de lucro acabarão recebendo menos incentivos, o que limita sua produção e sua distribuição.

Essa não é apenas a realidade dos jogos, mas a de outras indústrias de entretenimento. No entanto, isso não significa que todos os produtos com maiores investimentos não trarão inovação ou apenas repetirão, de maneira repaginada, o que já se tem, pois empresas com um bom histórico de vendas de games costumam alcançar maior segurança financeira em novos projetos.

Qual o grande desafio de atuar nessa área? É preciso ter talento e, principalmente, aprender a desenhar, o que configura o pontapé inicial para transformar ideias em cenas e personagens de um jogo. Escrever com coesão e coerência, além de colocar isso em um programa para montar cenários, é o início da incrível e desafiadora viagem que é construir um jogo digital.

1.1.1 Artistas envolvidos

No âmbito dos jogos, entende-se por *artistas* os profissionais responsáveis por criar o maior número possível de designs visuais (ou seja, a apresentação de informações visuais). No trabalho em equipe, eles geralmente assumem distintas funções.

A arte que esses profissionais criam apresenta formas bidimensionais e tridimensionais e, de modo geral, envolve quatro tipos básicos de tarefas: 1) projeto de arte conceitual, que pode ser concluído em mídia analógica e/ou digital; 2) modelagem; 3) texturização; e 4) animação. A gama de aplicações dessa arte também é muito ampla, desde personagens, efeitos gráficos, objetos de cenário, veículos, cenários internos e externos até filmes e interfaces.

Além de criar ilustrações para marketing, os **artistas que trabalham com representações 2D** produzem ativos, como texturas e interfaces. Já os **artistas que utilizam *softwares* de representação 3D** são incumbidos da modelagem de personagens, objetos, veículos, mapas e cenas, bem como da iluminação e da animação.

Há, ainda, os **artistas conceituais**, que criam obras de arte por meio de recursos diversos (papel, caneta, lápis e até tecnologia digital) e são responsáveis pela geração de esboços, sinopses de enredo, arte conceitual, *volume research* e *placeholder*, o que resulta em um protótipo artístico que norteia a criação de todos os referidos ativos. Esses profissionais comumente aplicam técnicas de prototipagem de baixa fidelidade para preconceituar tudo o que será produzido. No entanto, muitas outras podem ser usadas, e as mais famosas são: esboço, arte conceitual, sinopse, animação e espaços artísticos reservados, *sketches* e *thumbnails* – apresentados na seção sobre prototipação.

Os artistas também auxiliam a equipe de design do jogo na pesquisa inicial de jogabilidade.

1.2 Elaboração de projetos de jogos

Quase todos os livros da área de criação de jogos descrevem, pelo menos de alguma forma, como organizar e fragmentar as atividades de um projeto de desenvolvimento. Algumas dessas descrições são modelos nos quais o projeto se move no mesmo ritmo por diferentes fases. As etapas mais comuns são: ideia inicial, conceituação, design, prototipagem, implementação e teste do jogo (Klein, 2014). O fluxograma adiante exemplifica isso.

Figura 1.2 – **Design thinking**

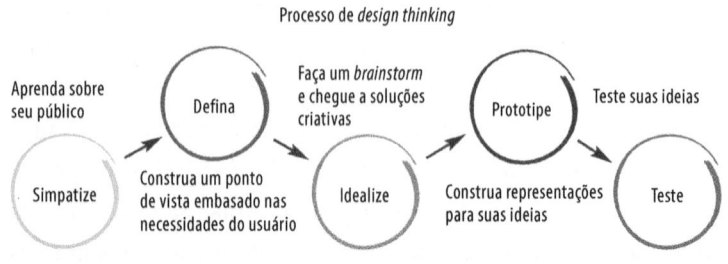

Com isso, entendemos que esses processos comumente enfatizam a jogabilidade. Em outras palavras, a principal preocupação é o mecanismo do jogo. Conforme Klein (2014, p. 24), "Utilizando modelos como esse, os Designers desenvolvem, a partir de uma ideia, um conceito inicial, que seja jogável e satisfatória".

Você sabia que essa forma de pensar as atividades de design de cenário de jogos tem como base o modelo espiral de Boehm? No **modelo espiral,** caracteriza-se o desenvolvimento do *software* como um processo interativo. Em sua representação visual, o processo de design parte do centro e realiza um movimento em espiral no sentido horário e de dentro para fora. Esse modelo é muito detalhado, mas envolve basicamente três conceitos principais: 1) avaliação de risco, 2) protótipo e 3) ciclo. Embora originalmente estruturado para a indústria de aplicativos, essa proposta foi imediatamente adotada pela indústria de jogos (Klein, 2014).

O modelo apresentado permite um desenvolvimento mais abrangente, e nele o projeto vai se tornando gradualmente mais complexo em razão das intervenções em sua execução. Depois, o produto toma forma por meio de testes, análises, aprimoramento e repetição. Uma vez que a experiência do jogador não pode ser totalmente prevista, as decisões de design durante esse processo de interação têm como base a experiência contínua do protótipo (Klein, 2014).

Assim, é importante testar o protótipo, fazer revisões e homologar o projeto novamente. Dessa forma, o produto é desenvolvido por meio de um diálogo permanente entre o designer, o projeto e o público-teste. A jogabilidade em si traz a maioria dos componentes necessários para definir e resolver os problemas de design do produto.

Normalmente, assim como no *software* usual, o jogo vai do conceito à conclusão. As etapas específicas variam de um desenvolvedor para outro, mas os elementos de alto nível permanecem os mesmos.

Antes de iniciar o trabalho de design do jogo, é necessário ter um conhecimento geral dele, se ele é adequado ao tipo de jogo em questão e qual é o objetivo do editor. Nesse sentido, podem ser elaborados documentos com a finalidade de obter a aprovação para a produção de um jogo.

Após a seleção do tema, é necessário delinear os demais objetivos do projeto para definir o tipo de jogo que se deseja alcançar ao final do processo. Isso não significa que, durante seu desenvolvimento, essa produção não passará por ajustes em características já predeterminadas. Na verdade, identificar essas mudanças é um exercício fundamental na área.

Como em qualquer outro projeto de design, o designer buscará as soluções que melhor concretizem o objetivo da obra, levando em consideração os recursos disponíveis (materiais e espirituais) e o usuário final. Portanto, o projeto também serve para orientar esses profissionais, proporcionando-lhes um entendimento mais profundo acerca do design de jogos, porque desenvolvê-lo implica não só passar pela vivência única de projetar determinado jogo, mas também mobilizar e assumir formas pessoais e singulares de pensar o design de jogos, qual é o produto final e como o cenário é afetado por ele.

Alguns jogos são desenvolvidos em seis meses, outros podem levar muitos anos. Independentemente da duração de um projeto, deve passar por estágios claramente definidos.

1.2.1 **Prototipação**

No desenvolvimento de um jogo, testam-se, com diferentes ações e ferramentas, as sugestões feitas em forma de documentos físicos ou ideias verbalizadas. Nesse sentido, os protótipos ajudam a avaliar as necessidades do design de jogos.

Alguns exemplos disso são:

- Testar o equilíbrio na dificuldade levantada pela inteligência artificial.
- Analisar se a aparência da interface gráfica é adequada e amigável.
- Avaliar a ergonomia do controle.
- Prototipar o núcleo do jogo para potenciais investidores.
- Verificar se a animação é apropriada para avatares e cenários e se tudo está coerente.

O importante é que o protótipo receba a atenção do avaliador. Em uma avaliação bem-feita, não é preciso mudar o jogo inteiro.

O intuito é evidenciar o que realmente se quer e evitar retrabalho quando o videogame estiver pronto, descartando propostas ruins desde o início ou refinando outras com algum potencial.

Muitos protótipos concentram-se em avaliar a dinâmica ou a funcionalidade do jogo, independentemente se ele é bonito ou não. Eles prestam pouca atenção à estética e, consequentemente, ao cenário do jogo. Isso é deixado para o próprio desenvolvimento, e a avaliação se restringe, por vezes, a confirmar se o jogo é divertido e se suas regras podem ser entendidas pelo jogador.

Quando o objetivo é avaliar as ferramentas utilizadas para a prototipagem por meio da linha do tempo do jogo, do cenário, dos personagens, da história e dos recursos disponíveis, isso pode ser feito com uma linguagem de *script*, mas geralmente se recorre ao papel. *Lego* e outros modelos de baixa fidelidade também podem atender às expectativas dessa análise.

É fundamental entender, nesse contexto, que se trata de um protótipo em avaliação, principalmente em testes com usuários. Afinal, por não ser possível ver um bom gráfico final, obtém-se uma avaliação ruim do jogo. Até porque, se o foco é a funcionalidade, não importa se ela é desenvolvida para avaliação.

Tipos de prototipação

Entre os tipos de prototipagem, podemos citar os seguintes:

- **Rápida**: compreende o desenvolvimento de um projeto e a avaliação do protótipo, com posterior descarte dele para a produção de novos projeto e protótipo.

- **Reutilizável:** refere-se à reutilização de parte do protótipo no projeto final; portanto, o trabalho de criação do protótipo não é descartado.
- **Modular:** consiste em adicionar novos trabalhos de acordo com o ciclo de desenvolvimento do jogo.
- **Horizontal:** demonstra vários atributos do produto sem operação real. Bastante utilizada para a configuração da informação de verificação de interface.
- **Vertical:** volta-se somente a uma função, mas funciona. Por exemplo, implementa apenas a jogabilidade.
- **De baixa fidelidade:** trata-se de um teste de baixo custo, implementado com papel e caneta, imitando a função do produto.
- **De alta fidelidade:** assemelha-se ao produto em todos os recursos. Depende dos objetivos a serem atingidos e da prática a ser usada pela equipe de desenvolvimento. Por exemplo, se a ideia for sólida, um protótipo reutilizável pode ser de grande ajuda na preparação do jogo.

Protótipos de baixa fidelidade

Os **esboços** proporcionam um panorama geral do produto às partes interessadas. De acordo com Rogers, Sharp e Preece (2013), isso não requer altas habilidades e pode ser feito com caixas, bonecos, estrelas e outras formas simplificadas.

A **arte conceitual** é uma representação 2D detalhada que visa antecipar o design final do jogo tal como definido pelo diretor de arte. Um dos principais objetivos dessa arte é direcionar corretamente o trabalho da equipe de produção de ativos de representação 2D e/ou 3D e de designers de níveis.

A arte conceitual com tecnologia de prototipagem de baixa fidelidade também é útil para descobrir problemas futuros, porque muitos estudos podem ser feitos sem qualquer código ou modelagem 3D. Assim, "esboços e desenhos conceituais podem ser testados e rejeitados com o mínimo de esforço e pouco desperdício de mão de obra. O desenho ou desenho inicial ajuda a definir a aparência do jogo e passa a definir as expectativas de cada participante" (Colzato et al., 2010, p. 1, tradução nossa).

A sinopse ajuda a arquitetar os níveis do jogo e lhes confere a sensação de navegação. Uma de suas funções é planejar o caminho percorrido pelo usuário no sistema ou produto em desenvolvimento.

Já os *storyboards* são representações gráficas do passo a passo do projeto, do enredo construído por ele, e os *moodboards* reúnem informações visuais que traduzem a essência dessa produção.

Na programação de jogos digitais, os *storyboards* não se centram muito nos personagens, já que serão controlados pelo jogador. Por isso, prestam mais atenção às cenas e aos ambientes em que o jogador poderá interagir (ou seja, enfocam os cenários) e priorizam sua experiência nesse processo.

Por empregarem tecnologia de protótipo de baixa fidelidade, os *storyboards* não requerem gráficos complexos e podem ser construídos apenas por meio de diagramas esquemáticos. Eles também são usados para a representação visual de sequências narrativas e de animação. Nesse caso, costumam estar associados à animação, que é um *storyboard* ordenado no *software* de animação como linha do tempo.

Por sua vez, *placeholder* é uma arte temporária com modelos simplificados de representação 3D ou 2D que substituem os ativos finais do jogo.

Esses recursos servem para visualização e níveis de teste, posicionamento de objetos, estudos de animação e de colisão entre sombreadores e objetos. Eles são protótipos úteis para a colaboração entre as equipes de arte, programação, design de níveis e design de jogos. Mesmo antes da modelagem e da implementação do ativo final, podem prever e solucionar eventuais problemas.

Protótipo × esboço

Klein (2014) recomenda que o esboços dominem os estágios iniciais de geração de ideias, ao passo que os protótipos se concentrem em estágios posteriores, nos quais as propostas são mescladas no funil de design. Isso porque os esboços são mais exploratórios, estando vinculados a fases que não comprometem um caminho de projeto específico (quando há muitas visões e conceitos a serem explorados), a atributos como custos, prazos, disponibilidade etc. Em contrapartida, os protótipos recebem maior investimento de tempo e esforço, sendo menos descartáveis.

O quadro adiante possibilita comparar as particularidades de esboços e protótipos.

Quadro 1.1 – **Características de esboços e protótipos**

Esboço		Protótipo
Evocativo	➤	Didático
Sugestivo	➤	Descritivo
Explora	➤	Refina
Pergunta	➤	Responde
Propõe	➤	Testa
Provoca	➤	Resolve
Tenta	➤	Especifica
Descomprometido	➤	Representativo

Fonte: Buxton, 2007, citado por Klein, 2014, p. 78.

1.2.2 Definição da ideia central do jogo

Todos os jogos disponíveis no mercado partem de uma ideia alicerçada em um conceito ou em uma noção simples. Essa proposta pode advir de fontes internas ao estúdio em que o jogo foi desenvolvido ou, às vezes, de fontes externas. Em ambos os casos, o conceito inicial é apenas uma ideia básica do que pode o jogo se tornar.

À exceção de jogos produzidos para se transformarem séries (jogos com continuidade), no início de cada projeto, a equipe se concentra em encontrar fontes de inspiração. Assim como um músico usa um piano ou um violão para compor uma música e um pintor começa um quadro com um esboço desenhado no papel, a pré-produção do jogo busca encontrar o conceito central que o define.

De acordo com Klein (2014), o primeiro estágio de desenvolvimento do jogo visa à sua idealização e ao modo de execução. Diferentemente de outras formas de programação de *software*, as tarefas que os desenvolvedores realizam com a ajuda de ferramentas são conhecidas ou detectáveis, porque nessa fase a ideia toma forma.

Na produção de games, é essencial, a princípio, examinar certas informações sob a ótica do jogador, em quais atividades ele deseja colocar seu interesse. Identificar o desejo do jogador é o coração do desenvolvimento de um jogo e tem consequências diretas no design do cenário (considerando-se aqui o final desse processo criativo).

É importante reconhecer desde cedo qual tipo de entretenimento o jogo proporcionará, para que, a cada passo, seja possível saber o que o jogador vai pensar e fazer e por que o jogo é divertido. Ignorar o porquê de um jogo ser ou não interessante, principalmente durante a produção, desprezando o gosto do jogador, é um dos principais motivadores do fracasso de muitos projetos da área.

Manter as etapas da geração de ideias e separar a fase de design da fase de produção é uma estratégia para definir o que fazer primeiro no desenvolvimento de jogos.

A estruturação da ideia do game deve começar muito antes de a equipe do projeto ser formada, bem como ser sigilosa ao público. É importante compor essa equipe com uma, duas ou três seniores (designers, produtores ou representantes da editora), incumbidas então de definir o conceito do jogo.

Tudo isso pode ser alcançado na primeira hora, mas a incubação da ideia leva mais tempo. Disponibilizar esse período é primordial porque é impossível obter inspiração sem ele. O planejamento na pré-produção é muito difícil, por vezes caótico, uma vez que não se pode prever quando uma boa ideia aparecerá e, quando isso ocorre, é necessário ter estrutura suficiente para levá-la adiante.

Ademais, não se pode marcar uma data para resolver todos os problemas aparentemente insolúveis. Por isso, cronogramas e gráficos podem ser inúteis nos primeiros momentos de desenvolvimento do jogo. Essa é uma das razões por que deve haver uma equipe aguardando para finalizar o conceito antes de executar algo de fato. Deve-se gastar tempo dentro do prazo estabelecido para explorar conceitos sem requisitos rígidos de resultados.

Diante de uma situação caótica, é preciso encontrar o pessoal mais qualificado (talvez o mais bem pago) e experiente para formar uma equipe básica. Essa pequena equipe central (via de regra, com apenas quatro ou cinco pessoas) decidirá todas as questões fundamentais do jogo, e seus membros provavelmente se tornarão líderes de equipe durante o processo de produção.

Concluída essa fase conceitual, deve-se compreender profundamente que jogo se está desenvolvendo e por que vale a pena fazê-lo. Aqui, o mais importante é reconhecer claramente o conteúdo dessa produção. O grupo envolvido deve ser capaz de resumir o projeto do jogo em duas ou três frases, além de formular uma declaração para orientar todo o processo de desenvolvimento. Ainda, um pequeno documento de design deve ser discutido e transformado em documento oficial do jogo, servindo de base para a pré-produção.

Técnicas para estimular a criatividade

Na busca por definir o conceito central de um jogo, é possível recorrer a algumas técnicas para estimular a criatividade, sobre as quais discorreremos na sequência.

Seis chapéus pensantes

Metaforicamente, seis chapéus simbolizam direções do pensamento humano – que podem ser assumidas individual ou coletivamente –, sendo colocados ou retirados por um ou mais membros da equipe de produção em reuniões.

Klein (2014, p. 61) assim os descreve:

- Chapéu branco: dados, informações, fatos conhecidos e necessidades.
- Chapéu vermelho: palpites, instintos, intuições e sentimentos.
- Chapéu preto: avaliação de riscos, potenciais problemas, perigos e dificuldades.
- Chapéu amarelo: benefícios racionais, visão otimista, pontos positivos.
- Chapéu verde: criatividade, ideias, alternativas, soluções e possibilidades.
- Chapéu azul: controle do processo e gestão do pensamento.

Figura 1.3 – **Chapéus pensantes**

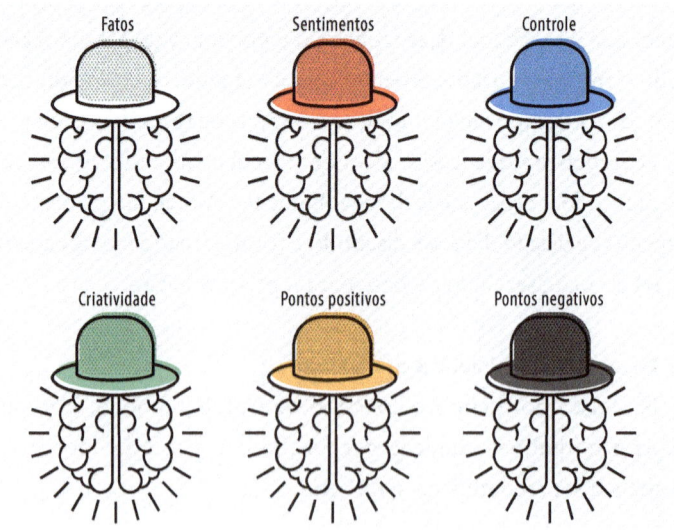

Cienpies Design/Shutterstock

Escrita mental (*brainwriting*)

À semelhança do *brainstorming*, no *brainwriting*, via de regra, a ideia de um sujeito é escrita, socializada e usada para gerar novas propostas em diversos campos de negócio (Klein, 2014).

Tempestade corporal (*bodystorming*)

Bodystorming é uma técnica frequentemente aplicada no design de interação e como incentivo à criatividade. Consiste em designers idealizarem um produto em seu contexto de uso e agirem como se ele realmente existisse, procurando executar essa tarefa por meio de movimentos corporais. Trata-se, portanto, de uma prática centrada mais nos desenvolvedores do que nos possíveis usuários do produto (Klein, 2014).

Construtivismo: técnica alternativa – casos e mecanismos

Ao refletirmos sobre a criatividade na indústria de jogos, conforme Klein (2014), devemos pensar no desenvolvimento de objetos técnicos. Em uma perspectiva evolucionista, os artefatos são aprimorados por meio da fusão de ideias, ou seja, mudanças são suscitadas pela propagação e mutação de pensamentos individuais.

Além do exposto, ainda segundo o referido autor, os jogos digitais podem percorrer outros caminhos criativos, viáveis em razão da plasticidade dos *softwares*, os quais podem ser reformulados e reestruturados para atender a diferentes demandas dos jogadores. Uma das possibilidades para isso é o chamado *construtivismo*.

Como explicamos antes, o desenvolvimento de um jogo pode partir de vários aspectos, como influências e contribuições emanadas do ambiente de seu criador ou até extraídas de outras produções. Quando reaproveitadas de jogos já lançados, configuram métodos de **design construtivista** – abordagem que evidencia que tais produções podem ser compreendidas e produzidas com base nas "funcionalidades de jogos passados e de outras mídias ou produtos" (Klein, 2014, p. 63).

Para ilustrar de que maneira essa prática fomenta a criatividade e até resulta em jogos mais bem-sucedidos do que seus predecessores e fontes de inspiração, Klein (2014) cita dois casos: 1) *Pong* e *Tênis de Mesa;* 2) *Crush the Castle* e *Angry Birds*.

Em 1972, o jogo *Tênis de Mesa* foi lançado por Ralph Baer, sendo visto e copiado pelo presidente da Atari. No mesmo ano, essa empresa lançou *Pong,* considerado o gérmen da indústria de jogos, que "consistia em duas barras, que permitiam que o jogador as movesse para frente e para trás, utilizando-as para bater em um pixel em movimento através de uma linha, como numa partida de pingue-pongue" (Klein, 2014, p. 63). O estilo e a jogabilidade dessas produções eram idênticos, isso porque a clonagem caracterizou a primeira década desse mercado criativo.

Já em 2009, *Crush the Castle* foi desenvolvido em Flash e lançado em *site* próprio, sendo disponibilizado para iPhone no ano seguinte. Nessa produção, o jogador, sob as ordens do governante de seu reino, por meio do uso de catapultas com pedras, assassinava guerreiros do reino vizinho e rival (escondidos em estruturas de madeira, pedras etc., tal como em *Angry Birds*) na tentativa de dominar seu território (Klein, 2014). Por sua vez, em *Angry Birds*, lançado na mesma época, o jogador recorria a um estilingue para lançar os próprios passarinhos protagonistas contra seus inimigos: um grupo de porcos verdes que roubara seus ovos.

Como se nota, a proposta desses jogos é a mesma, mas por que apenas um alcançou sucesso estratosférico? De acordo com Klein (2014), algumas razões possíveis são: *Crush the Castle* pretendia ser casual, mas exigia muita dedicação do jogador; sua violência gráfica e sonora (gritos das vítimas) causou desconforto em parte do público; diferentemente dos cenários coloridos de *Angry Birds*, sua ambientação era muito genérica, não sendo capaz de prender a atenção do jogador.

Diante do exposto, constata-se que o construtivismo pode ir da réplica de uma ideia à sua adaptação e melhoria.

Segundo Klein (2014), o construtivismo envolve diversos mecanismos. Na **inspiração,** usa-se o conteúdo de outras obras (como quadros, novelas etc.) como base para produzir novas. Efetiva-se, assim, a transferência de conceitos para o interior dos jogos – é o caso de estéticas como a *cyberpunk* e a *steampunk*, advindas do cinema e da literatura. A **combinação** ocorre quando "os conceitos de duas ou mais estruturas separadas são projetados numa estrutura comum" (Klein, 2014, p. 67). Já a **adaptação** consiste no empréstimo e na transformação de uma ideia preexistente, como vimos em *Crush the Castle* e *Angry Birds* e os jogos de tabuleiro convertidos para versões digitais. Por sua vez, a **adição** basicamente dá continuidade à combinação, acrescentando algo a um material. Na prática, todo desenvolvimento de jogo passa por esse processo, já que tal obra vai sendo atualizada e ajustada, chegando a contemplar itens que nem mesmo poderão ser utilizados. Por fim, a **evolução** se refere à mudança na estrutura de um artefato ao longo do tempo, seja no design de um jogo apenas (mutação a cada novo lançamento), seja na criação de diferentes jogos (um jogo de 1980 se comparado a um da segunda década dos anos 2000, por exemplo). É fruto dos três primeiros mecanismos aqui citados (Klein, 2014).

1.2.3 *Storytelling*

Na contemporaneidade, verifica-se um intenso fluxo informacional, viabilizado sobretudo pelo constante desenvolvimento tecnológico, o que fez emergir novos processos e possibilidades narrativas. Essas informações, conforme Magalhães (2014), são apropriadas, ressignificadas, reconstruídas e difundidas em diversos meios, de *blogs* a redes sociais, resultando em novas narrativas acerca do conteúdo inicialmente compartilhado.

Das narrativas ao *storytelling* nas organizações

Na conjuntura citada, também se encontram as narrativas sobre as organizações, as quais também adquirem significados distintos de acordo com seus receptores.

Conforme Domingos (2009, p. 8, citado por Magalhães, 2014, p. 2),

> o ato de narrar é inevitavelmente um ato de deslocamento e de negociações entre a consciência e a inconsciência, gerando significadas formas de ser e estar do mundo. É uma forma de se mostrar e esconder-se, ao mesmo tempo. É o ponto de vista que determina a sequencialidade das ações narradas em que o narrador seleciona da vida o que ele deseja narrar. Portanto, não há jamais na narrativa um eu puro; ele sempre será um ser humano que traz em si não só os primórdios de sua existência, como os adaptam às novas maneiras de narrar a vida.

Na tentativa de se aproximar desses clientes (já captados e/ou potenciais), de acordo com Magalhães (2014), as organizações contam histórias e até as transformam em produtos, como é o caso de tragédias, biografias e fábulas. Elas buscam estratégias para um diálogo mais eficaz, acompanhando e tentando influenciar o que os sujeitos dizem sobre suas histórias – as quais, por vezes, são simples (embasadas no autoconhecimento da instituição, ou seja, em suas vivências e memórias) ou sensacionalistas (quando assumem caráter mais persuasivo).

Essa narrativa organizacional, segundo Gabriel (2000, p. 29, citado por Magalhães, 2014, p. 6),

> é como o "sistema de organização da memória institucional". É reflexiva, no sentido de recriar continuamente o passado de acordo com o presente, transformando as interpretações históricas a próprio favor. É interativo, no sentido de que a maioria das histórias são multiautor, com os membros da organização se alternando nos papéis de narrador e ouvinte, acrescentando pistas "factuais" ou torções interpretativas como uma história se desenrola. É dialógica, onde a verdade da história não está em qualquer uma variante como o processo através do qual o texto emerge. Assim, as histórias quase nunca apresentam como peças integradas de narrativa, com um enredo cheio e um elenco completo de personagens, em vez disso, eles existem em um estado de fluxo contínuo, fragmentos, alusões, como as pessoas.

Segundo Magalhães (2014), esse processo narrativo foi redesenhado e assimilou uma nova linguagem a fim de suprir as demandas dos negócios comunicacionais de organizações públicas e privadas. Tornou-se, assim, o *storytelling* (em tradução livre, contar histórias), "uma nova forma de narrar ou contar histórias no mundo das organizações contemporâneas, buscando ser uma narrativa atenta às opiniões e pontos de vista dos seus interlocutores" (Magalhães, 2014, p. 6).

O *storytelling* emergiu "como um recurso estratégico comunicacional importante para a organização se olhar, compreender as posições de outras organizações e avaliar suas questões e sua identidade perante seus interlocutores" (Magalhães, 2014, p. 4). Ele assegura maior atratividade e legitimidade à narrativa organizacional, que ganha maior expressão em um mercado altamente competitivo.

Desde o século XX, essas instituições notaram que sua história, sua identidade e seus valores têm se perdido, buscando recuperá-los e enfatizá-los por intermédio da comunicação dinâmica estabelecida pelo *storytelling*. Dessa maneira, transmitem sua cultura, criam uma imagem e uma reputação positivas, captam a atenção dos sujeitos em meio à imensidão de mensagens circulando por toda parte e colocam-nos a seu favor. Em síntese, esse recurso funciona como o pontapé inicial para produzir itens de sucesso, como é o caso dos jogos.

A imagem a seguir sintetiza o funcionamento do *storytelling* no âmbito organizacional.

Figura 1.4 – **Fluxo do *storytelling***

STORYTELLING

Criatividade Marca Conteúdo Marketing Comunicação Viral Emoção Participação

Trueffelpix/Shutterstock

Storytelling em jogos

Como vimos, a arte de contar histórias é uma excelente estratégia usada em vários âmbitos, como educação e marketing. Mas você já parou para refletir sobre a importância de contar histórias em jogos? Esse processo narrativo permite entender uma situação de modo mais claro. Por isso, jogos geralmente têm uma história, por mais simples que seja, como elemento norteador. Essa trama confere controle e relevância a todas as fases de criação; seu roteiro é o primeiro elemento a ser definido e embasa todo o projeto do jogo.

Nessa direção, narrativas têm certa confiabilidade porque lembram experiências e elementos que já conhecemos. Isso facilita a criação do jogo em si e de seus cenários. Assim, o *storytelling* configura a sequência de cenas dessa produção, isto é, visualmente informa a mensagem que os desenvolvedores desejam verbalizar.

É preciso elaborar um roteiro completo, que inclua o público-alvo da obra, o refinamento dos personagens e o texto da trama, a qual pode ser de múltiplos gêneros, como ação, suspense e terror. Mapas e gráficos também são importantes, mas devem guiar-se por esses detalhes iniciais.

A narração garante que o conteúdo do jogo seja atraente, compreensível e aceito pelos interlocutores. Desse modo, contribui para proporcionar uma boa experiência ao usuário. Ela determina como tal sujeito se sentirá ao interagir com dado componente. Ademais, promove a integração da equipe criativa do jogo, dando-lhe a autoconfiança necessária para desenvolver a ambientação da obra.

Enredos de jogos antigos

Os jogos mais antigos em 8 e 16 *bits* também apresentavam histórias, mas com características ligeiramente diferentes das tramas atuais, sendo mais simples, imutáveis (diferentemente de obras cujos finais mudam a depender das escolhas e interações feitas pelo jogador, como é o caso de *Life is strange* e *Detroit Become Human*) e repletos de eventos lineares.

A trama do primeiro *Space Invaders* (1978) gira em torno de uma invasão alienígena, a qual o jogador deve tentar conter para salvar a Terra. Nessa época, temas do tipo eram comumente abordados em diversas produções, como filmes e livros – o primeiro *Star Wars* foi lançado um ano antes do referido jogo.

Já *Contra* (1987) se passa no ano de 2633 e mostra um combatente e seu parceiro tentando evitar que o Falcão Vermelho conseguisse invadir o planeta. Em 8 fases, eles enfrentam, com rifles, diversos inimigos e alienígenas.

Por sua vez, *Irmãos Mario* (1983) conta a história de dois encanadores, Mario e Luigi, que vivem em um oleoduto na cidade de Nova York, onde têm de derrotar estranhas criaturas. Dois anos mais tarde, em *Super Mario Bros.*, esses protagonistas encontram-se no Reino dos Cogumelos e tentam resgatar a Princesa Peach das garras do terrível vilão Bowser.

Por fim, vale mencionar *The Legend of Zelda* (1986), cuja trama se passa no reino de Hyrule e tem como protagonista o jovem Link, que deve proteger o local e impedir que a Triforce (uma poderosa relíquia sagrada) caia nas mãos do inimigo Ganon.

1.2.4 **Etapa de pré-produção de jogos**

Consolidadas as ideias e clarificado o que se tem de fazer, pode--se expandir o tamanho da equipe a qualquer momento e começar a estabelecer uma base sólida com o conceito do jogo (Klein, 2014).

A produção experimental inicia com o conceito geral da obra e usa um protótipo para testá-lo, com o qual a equipe interage e, assim, enxerga e implementa mais detalhes no projeto. Nessa fase, é criado um modelo possível de ser jogado, com as principais características do game previsto, para nortear as etapas seguintes. Seu objetivo final é duplo: 1) fazer uma versão pequena, mas interativa, para demonstrar a experiência final do jogo; e 2) fornecer informações detalhadas e suficientes sobre a jogabilidade, os detalhes artísticos e técnicos e o início da produção (questão fundamental) (Klein, 2014).

É necessário disponibilizar algum tempo para a validação da ideia original, inicialmente enfocando o sistema de jogo necessário e, em seguida, estudando os detalhes de personagens individuais, oponentes, objetos, níveis e ações do jogador (microdesign) (Klein, 2014).

O projeto macro

> também inclui a criação de maquetes e protótipos que servirão para testar a jogabilidade, câmera e interface de usuário, bem como a criação e direção da arte visual e sonora. [...] são uma maneira eficiente de experimentar ideias rapidamente dentro da equipe, relatar o progresso para a gestão e obter feedback dos jogadores [...]. (Klein, 2014, p. 28-29)

Essa fase experimental geralmente engloba um escopo físico (muito desenho em papel, maquetes e outros materiais) e uma simulação virtual, representando momentos-chave no processo do jogo, a fim de antecipar a experiência dele. "Os protótipos são usados para convencer os outros de que o conceito vale o risco de uma produção completa" (Klein, 2014, p. 29).

Durante a pré-produção, a equipe principal configura protótipos contínuos para a análise e a aprendizagem da equipe. O protótipo inicial normalmente é simples e com ambições limitadas. Se o conceito resiste ao processo de prototipagem e a equipe não está preparada para abandoná-lo, isso mostra que tem desenvolvimento consistente (Klein, 2014).

A pré-produção é o elo entre o conceito e a estrutura, como o plano deve ser feito. É a concretização do conceito de design da equipe. Além de explicar melhor as ideias de outros membros, o grupo também pode jogar nessa fase para averiguar se o jogo é de fato funcional. É uma fase semelhante ao *storyboard* (Figura 1.5) ou ao *preview* usado na indústria cinematográfica (Klein, 2014).

Figura 1.5 – **Storyboard**

A pré-produção é bastante difícil, bem mais complexa do que a produção. Muitas equipes simplesmente ignoram ou prestam pouca atenção a isso e pulam diretamente para a produção; uma péssima escolha, já que, de acordo com Cerny e Michael (2002, citados por Klein, 2014), 80% dos erros no desenvolvimento de jogos são resultado direto de elementos que não foram pré-produzidos.

Esse momento deve compreender, pelo menos, de 25% a 30% do tempo total do projeto. Estimando-se que ele durasse dois anos, a pré-produção gastaria cerca de 6 a 7 meses (Klein, 2014).

Contudo, é preciso lembrar que esse momento representa a construção do projeto, e não do jogo propriamente dito. Se a equipe se esquecer disso e tentar economizar energia, garantindo que todo o conteúdo criado esteja em um nível que possa ser adicionado ao jogo, ela pode, mais tarde, erigir um ambiente de desenvolvimento altamente friccional (Klein, 2014).

Criados modelos, maquetes, protótipos e obras de arte desde o início, o processo de interação de fusão, que perpassa toda a pré-produção, é acionado para que a produção comece, e todo esse movimento do projeto na fase de pré-produção pode ser acompanhado no modelo espiral de desenvolvimento de *software*, que explicamos anteriormente, e em muitos modelos diferentes de desenvolvimento rápido (Klein, 2014).

Segundo Cerny e Michael (2002, citados por Klein, 2014), na configuração do design do jogo, cinco protótipos são planejados para formar cada nível. No decorrer desse processo, quatro dos níveis são completamente removidos da obra.

Assim como na produção cinematográfica, é preciso estar consciente de que nem todo o material captado pelas câmeras contribuirá para a fluência pretendida. Num processo similar à edição cinematográfica, como esses jogos tendem a ter cerca de vinte níveis quando concluídos, significa que se jogará fora 20% do trabalho. E isso deve ser feito na pré-produção, antes que se perca tempo em detalhes [...]. (Klein, 2014, p. 31)

1.2.5 **Etapa de produção de jogos**

Após a pré-produção e o plano geral, o jogo entra na fase de produção – a mais longa do projeto, que utiliza 50% ou mais do tempo disponível (por exemplo, um ano de um projeto com duração de dois anos). Comumente, há mais produtores, designers, artistas e programadores engajados nessa conjuntura. Em muitos casos, considerar que o game esteja em produção indica que seu "nascimento" teve início. Embora em estágio embrionário, o código, a arte e o som já começam a aparecer.

Se os problemas no estágio de conceito e pré-produção forem resolvidos corretamente, o jogo trará um senso de realidade para a equipe. A produção simplesmente executa tudo o que foi aprovado na pré-produção, passando pelo crivo de profissionais sêniores da equipe, os mesmos sujeitos responsáveis por fazer pequenas correções de rumo quando necessário.

A principal tarefa da cooperação entre a equipe técnica e o produtor é construir um cronograma de alto nível para a entrega dos componentes do programa com base nos documentos de design fornecidos antes da produção. Esse calendário assume, via de regra, a forma de marcos de alto nível (objetivos de alto nível em termos de design, arte e *software*), que ocorrem a cada 4 ou 6 semanas. Um tempo mais curto do que isso não é suficiente para registrar grandes avanços e um mais longo pode fazer com que a atenção da equipe se dissipe (Klein, 2014).

Esse cronograma também não pode ser criado antecipadamente por toda a duração do projeto. "Em vez disso, é melhor planejar detalhadamente, o marco atual e o próximo, e baseado nas entregas do marco atual, fazer uma lista de conteúdo semelhante" (Klein, 2014, p. 32).

No intervalo de tempo entre cada marco, detalham-se a implementação, a integração e a avaliação. Os marcos podem concentrar-se em construir sistemas centrais e funções de jogo. Muitas vezes, eles se sobrepõem, por isso são considerados um sistema integrado. No final de uma fase, quando parte da equipe está programando a primeira camada de implementação, a outra fase está programando a integração entre o sistema e a jogabilidade que outra equipe iniciou em período anterior (Klein, 2014).

Nesse cenário, emerge a figura do **produtor**, que assegura a integração do trabalho das equipes de arte, design e programação – determinando o cronograma de programadores e artistas e ajudando-os a respeitar o conceito do projeto em todo o desenvolvimento do jogo –, assim como cuida das licenças utilizadas no jogo, oferecendo ao departamento de marketing da empresa todas as informações de que necessitar sobre essa obra (Klein, 2014).

Mesmo com a disponibilização do documento de design a todos os profissionais envolvidos na criação do jogo, cumpre ao designer acompanhar se suas diretrizes estão sendo aplicadas. Diante de lacunas, ele também deve contribuir para seu preenchimento.

Ainda nessa fase, os artistas criam as animações e demais artes do jogo (é pertinente mencionar que a qualidade estética e a funcionalidade desses itens estão densamente entrelaçadas), modelando objetos, personagens, menus etc. condizentes com o projeto original e as especificações técnicas (tamanho de textura e contagem de polígonos, por exemplo) do equipamento no qual o jogo será executado. Para tanto, os artistas podem recorrer ao uso otimizado da malha 3D e dos pontos de articulação, no caso de objetos animados.

Da mesma maneira que a etapa anterior, são necessários protótipos para tudo o que for modelado (Klein, 2014), de maneira a possibilitar a avaliação de seu impacto e de sua aparência no jogo. Esse processo avaliativo deve perpassar, portanto, todo o desenvolvimento, momento em que "os programadores estarão trabalhando na codificação das bibliotecas do jogo, motor e Inteligência Artificial" (Klein, 2014, p. 35-36).

Nesse caso, equipes especializadas ou multitarefa (em produções menores) devem descrever em listas os *assets* (itens que formam o visual do jogo, como é possível verificar na imagem adiante) por tipo e atributos; o mesmo vale para sons, animações e texturas. Klein (2014, p. 35) explica que "Cada tipo de objeto [...] é projetado em detalhes, incluindo qual a sua contribuição para a jogabilidade, o que o difere de todos os outros, a quais animações e comandos ele responde, e seus atributos específicos".

Figura 1.6 – **Exemplos de *assets***

Ruslan Kim Studio/Shutterstock

Se houver a necessidade de capturar movimentos de atores para os personagens, a equipe responsável colaborará com o animador, coletando dados e configurando esqueletos (pontos de articulação).

Deve-se garantir que a arquitetura de *software* seja tão robusta quanto possível e que a implementação de novos recursos não impossibilite os profissionais envolvidos de continuar a modificar o jogo.

Klein (2014, p. 36-37) ainda destaca a existência de

> um conjunto de programadores responsáveis pela criação do motor 2D ou 3D do jogo (chamada de engine), que é um aplicativo que gera todos os polígonos, texturas, iluminação, e efeitos especiais que serão vistos no jogo, usando os recursos que foram entregues pelo equipe de arte [...].

Uma das principais razões para a utilização de um motor de jogo [...] é dar aos criadores de conteúdo, mais tempo para trabalhar no Título, especialmente durante a fase de concepção e prototipação. Quando uma equipe de tecnologia precisa criar ferramentas relacionadas a produção do jogo, além do motor, a partir do zero, é mais difícil dar aos artistas e Designers algo útil para trabalhar imediatamente [...].

A inteligência artificial é outro componente essencial que recebe especial atenção de um ou mais programadores; o mesmo vale para os atributos físicos dos objetos do jogo – isso porque qualquer problema quanto a esses aspectos prejudica bastante a experiência do jogador. Quanto à física, diz respeito à distorção de objetos moles, à simulação de atrito e viscosidade etc. Ainda, os referidos profissionais determinam como um personagem interage com seus pares e os objetos em cena; especificam os 3 Cs de um jogo: câmera, caráter e controles (Klein, 2014).

Qualquer otimização, como redução de polígonos ou acréscimo de iluminação, deve considerar o *hardware* do projeto. Klein (2014, p. 38) assim exemplifica a questão:

> Em alguns casos, o estúdio vai fazer o que for possível a fim de manter o jogo processando em uma taxa constante de 60 quadros por segundo, sacrificando efeitos visuais ou contagens poligonais ou apenas otimizando os códigos, modelos, texturas e IA, ao máximo, enquanto outras equipes estão dispostas a sacrificar uma taxa de quadros consistentes para gerar um jogo tão impactante visualmente quanto possível [...].

Se todos os problemas foram sanados e tais ajustes não danificaram o código do jogo, este pode ser submetido à aprovação e, se for o caso, começar a ser distribuído.

1.2.6 **A importância da experiência do jogador e conceitos relacionados**

A experiência do jogador é um dos aspectos determinantes do sucesso de um jogo e está atrelada a conceitos como satisfação, interação e jogabilidade.

Diferentemente de quando usa um simples editor de texto, diante de um videogame, o sujeito busca algo mais complexo que uma ferramenta de produtividade para corrigir a ortografia de um artigo científico e inserir imagens nele. Ele almeja uma experiência emocional, cognitiva, no contato com o ambiente do jogo, seus personagens e outros jogadores. Há emoções (raiva, felicidade, angústia etc.), expectativas, conexões com outros games etc. "em jogo" (Klein, 2014).

Por isso, apenas avaliar o fator *usabilidade* dessas obras não basta. É preciso averiguar fatores funcionais e não funcionais, como design de personagens e densidade e coerência da narrativa. Logo, concluímos que a experiência de jogador é mais extensa do que a de usuário (Klein, 2014).

Conforme Klein (2014, p. 41),

> o Designer de jogos trabalha projetando o sistema formal de regras do jogo, mas a experiência e os significados que os jogadores criam também dependem de contextos sociais e culturais. [...] essa diferença fundamental leva os Designers a dedicarem mais esforço para a coleta de dados de avaliação dos jogadores (em oposição ao desempenho estritamente), do que em aplicações de produtividade, onde a maioria do trabalho busca medir a realização de tarefas [...].

Ainda segundo o autor, o aspecto emocional tem recebido bastante atenção na teoria do design. Contudo, o quadro conceitual acerca do tema prossegue incoerente e fragmentado. Por exemplo, Zhang e Li (2005, citados por Klein, 2014) delimitaram o conceito de qualidade emocional e argumentam que os sistemas interativos podem causar mudanças no estado emocional dos usuários. Por sua vez, Csikszentmihalyi (1990, citado por Klein, 2014) deu início à investigação sobre fluxo, a fim de determinar a melhor experiência de prazer humano, independentemente de traços como idade, sexo ou classe social dos sujeitos.

Diante das múltiplas noções e discussões nesse âmbito, Chu, Wong e Khong (2011, citados por Klein, 2014) propuseram uma abordagem holística, ou seja, que enfoca o quadro completo da situação, seus participantes e os fatores intervenientes. Essa perspectiva considera, então, o avaliador do jogo, o jogador em si (vale mencionar que a experiência com o game varia de um para outro, ou seja, é única) e o contexto em que o jogo é avaliado. Isso resulta em três camadas de abstração: 1) a jogabilidade (o jogo propriamente dito); 2) a experiência do jogador (com outros sujeitos, jogos, tecnologias etc.); e 3) o recorte temporal em que tal experiência ocorre (Klein, 2014).

O conceito de jogabilidade também é "vivo", está em evolução nessa comunidade, sendo considerado fundamental para que o jogo proporcione experiências agradáveis, bem como estudado sob múltiplas óticas. Essas perspectivas, integradas, criam duas vertentes: 1) a que **concebe jogabilidade como usabilidade** (compreensão e controle do sistema de jogo; os atributos conferidos a ele pelo designer) e 2) a que **estuda os elementos particulares dos jogos digitais** (Klein, 2014).

Nesse sentido, a jogabilidade concerne à avaliação do jogo, ao passo que a experiência é um atributo dos jogadores. Portanto, métodos de jogabilidade servem para avaliar jogos e, assim, melhorar o projeto, e métodos de experiência avaliam o comportamento dos jogadores para aprimorar o jogo (Klein, 2014).

Via de regra, os jogos devem proporcionar o **estado de fluxo**, entendido como o estado de tranquilidade e satisfação em que as pessoas concentram-se em si mesmas e nas tarefas que estão executando, praticamente transcendendo o tempo e o espaço (Klein, 2014).

Para promovê-lo, o designer deve instituir um **ciclo de especialização:** o nível de dificuldade dos desafios deve aumentar, contínua e ligeiramente, à proporção que o jogador se torna mais qualificado. Além disso, as metas do jogo devem ser claras e alcançáveis, de modo que o jogador não se perca no cenário nem se entedie. Com isso, ocorre a manutenção da dificuldade do jogo e do interesse do jogador, denominada *macro flow* (Klein, 2014).

Tal como com os outros conceitos citados, definir *diversão* é bastante complexo, sendo algo subjetivo e contextual. Não há dúvida, porém, de que o estado de fluxo – intimamente atrelado ao design do jogo – é a condição mais próxima do que podemos chamar objetivamente de *diversão*. Nesse sentido, a interação com o jogo não é um meio para atingir fins externos, mas um fim (entretenimento) em si mesmo (Klein, 2014).

Benefícios cognitivos dos jogos

Jogos são multissensoriais por natureza. Os de ação em primeira pessoa, por exemplo, precisam integrar inúmeras informações auditivas e visuais, de modo que a resposta comportamental do jogador seja suficiente para dar continuidade à história e, assim, evocar novas tarefas e obstáculos. Para ilustrar isso, veja o exemplo adiante, em que objetos, cores, ações etc. criam diferentes cenários e impressões no jogador.

Figura 1.7 – **Gravuras que representam diferentes climas**

Considerando-se essa natureza multissensorial, acredita-se que jogos afetem a capacidade de percepção dos jogadores. Pesquisas como a de Donohue, Woldorff e Mitroff (2010) demonstraram que o tempo e a qualidade de processamento visual desses sujeitos, especialmente os que preferem jogos de ação (como os da franquia *Call of Duty*), podem sofrer melhorias significativas; o mesmo vale para as *joint ventures*. Além disso, os cenários desenvolvem nos jogadores maior acuidade visual, ou seja, eles podem distinguir letras menores com mais eficácia, dependendo da quantidade de tarefas nesse ambiente.

Segundo Achtman, Green e Bavelier (2008), para promover esse aprimoramento, os jogos devem ter ritmo acelerado, componentes imprevisíveis, níveis de dificuldade ideais e suas cenas têm de acompanhar a sequência imposta pela trama.

Nesse contexto, várias situações problemáticas vão surgindo em um curto espaço de tempo. Por meio dos cenários e personagens, elas têm de proporcionar aprendizagem visual, acarretando alguma forma de reforço de comportamento (ganho de experiência, pontos, itens e outros componentes).

Por fazer com que os jogadores cometam muitos erros, a imprevisibilidade exige deles, constantemente, a adesão a novas estratégias comportamentais para o alcance de determinado objetivo, o que estimula uma boa participação e interação com o jogo. Logo, o aprendizado visual é resultado, sobretudo, do cenário, ao passo que a dificuldade do jogo pode ser um bom componente da generalidade do conhecimento adquirido nele (Achtman; Green; Bavelier, 2008).

A jogabilidade apresenta os melhores resultados com um pequeno quantitativo de tarefas de enumeração, que podem ser acessadas com precisão sem contar. Em uma tarefa, os participantes precisam contar o número de elementos (quadrados) que aparecem aleatoriamente nos cenários, e o percentual de cenas que emerge nesses ambientes contribui para que o jogador entenda o enredo da produção.

Ademais, se compararmos uma pessoa experimentando jogos pela primeira vez com uma acostumada a consumi-los, notaremos que aquele já familiarizado tem maior sensibilidade ao contraste, reconhecendo, com relação a um fundo uniforme, mais facilmente as pequenas mudanças nos tons de cinza, preto ou outras cores que aparecem no jogo (Achtman; Green; Bavelier, 2008).

Quanto ao espaço visual, Boot et al. (2008) comprovaram que a ação de jogar tem impacto positivo na execução de tarefas de rotação mental (capacidade de realizar rotação mental em duas ou três dimensões). Esse achado confirma o estudo de Feng, Spence e Pratt (2007), que também mostrou que, antes do treinamento com jogo de ação, as diferenças de gênero nas habilidades de percepção espacial e visual tornaram-se insignificantes.

A maioria dos estudos que identificou efeitos benéficos dessas produções sobre habilidades visuais e espaciais utilizou jogos de ação, em especial os de tiro, em seus experimentos. Apesar de serem os mais usados no treino de tais capacidades, conforme Achtman, Green e Bavelier (2008), estudos com outros estilos de jogos são necessários para a confirmação desses efeitos.

No âmbito dos videogames, podemos encontrar cenários que exigem dos jogadores o planejamento de ações, a supressão de comportamentos impulsivos e as tomadas de decisão flexíveis. Por exemplo, os jogos de tiro recompensam, cada vez mais, *players* que adotam estratégia e planejamento adequados em vez de simplesmente atirarem em tudo o que se move.

Já jogos como *Pacman* ou *Mario* requerem controle de movimento altamente inibitório para escolher o caminho correto em vez de o que leva à morte. Por sua vez, o famoso *sandbox* (gênero que permite ao jogador explorar e modificar o mundo virtual conforme desejar, ou seja, ele decide como jogar, quais tarefas realizar) *Minecraft* é um exemplo de universo no qual os jogadores podem criar seus personagens e tomar decisões como vestir-se, construir uma casa e onde fazê-lo, casar-se, criar animais de estimação, entre outros.

Considerando esses comportamentos em videogames, vários estudos investigaram o impacto de tais produções na função executiva da população típica em desenvolvimento e na população clínica (especialmente aqueles com transtorno do déficit de atenção com hiperatividade – TDAH).

Evidências indicaram que jogadores assimilam cenários mais amistosos e próximos da realidade, obtendo melhor desempenho em tarefas de flexibilidade cognitiva (Boot et al., 2008). Ademais, segundo Colzato et al. (2010), adultos que gostam de games de tiro em primeira pessoa, em um teste de troca de tarefas com cenários próximos da realidade, alcançam uma percepção mais aguçada dos próximos passos do jogo.

Em complemento, essas pesquisas destacam que jogadores ativos têm um desempenho melhor nessas produções do que pessoas que jogam esporadicamente, pois, em razão da capacidade aprimorada de se aprofundar na história, no cenário e nos personagens, eles adquirem resposta rápida e conseguem gerenciar a busca pelos objetivos do jogo, a habilidade de suprimir comportamentos errados e a habilidade de rastreamento visual e auditivo rápido.

No artigo de Colzato et al. (2013), os autores comprovam que jogar videogames aumenta a capacidade de informação processada pela memória de trabalho (amplitude dessa memória). Eles usaram a tarefa *n-back* (que avalia a capacidade de monitorar, atualizar e manipular informações) para averiguar a memória de trabalho em jogadores ativos e esporádicos familiarizados com jogos de ação em primeira pessoa, chegando à conclusão de que os ativos apresentam melhor desempenho nesse sentido. Esses dados sugerem, então, que submergir em videogames com cenários próximos da realidade pode ter efeito positivo na habilidade de manipular estímulos e excluir itens irrelevantes da memória de trabalho.

Conforme Prins et al. (2011), o treinamento da memória operacional por meio do brincar é mais eficaz para crianças com TDAH do que aquele sem elementos lúdicos. Essa investigação foi conduzida com 51 crianças diagnosticadas com TDAH, 27 delas (grupo experimental – GE) receberam treinamento de memória operacional com base em jogos, enquanto o restante (grupo controle – GC) envolveu-se em atividades sem tal conteúdo.

Comparando-se os resultados antes e depois do treinamento, pôde-se verificar que, por meio do teste Corsi Cubes, a capacidade de memória visual das crianças melhora significativamente de acordo com o cenário do jogo. Além disso, constatou-se que o treinamento em forma de jogo pode aumentar a motivação e a participação dos sujeitos.

O uso de jogos eletrônicos também pode promover o aprimoramento de alguns componentes da função executiva de idosos. Nouchi et al. (2012) mostram que jogar as produções da franquia *Brain Age* por, pelo menos, 15 vezes por dia e 5 dias por semana ou 15 vezes por dia em 4 semanas pode melhorar consideravelmente a capacidade de alternância cognitiva de idosos sem doenças neurológicas, em virtude da facilidade que têm ao se deparar com o cenário intuitivo do jogo.

Staiano, Abraham e Calvert (2012), por sua vez, discutem os efeitos de curto prazo do treinamento com *exergames* nas funções executivas. A diferença entre *exergames* e videogames clássicos é que os primeiros, valendo-se da tecnologia de detecção de movimento, demandam que os jogadores pratiquem exercícios físicos. Nos *exergames*, o cenário aproxima-se mais da realidade por meio dessas atividades para a movimentação do corpo.

Além das funções executivas, Staiano, Abraham e Calvert (2012) estudaram o possível impacto de cenários de competição ou cooperação em jogos nas funções executivas. Sua amostra incluiu adolescentes, a maioria com excesso de peso. Os jovens foram avaliados por meio do Delis-Kaplan Executive Function System (D-KEFS), que analisa a rotação de tarefas, a velocidade de busca visual, a atenção, a função motora visual, a sequência temporal e a flexibilidade mental.

As evidências referentes à promoção da função executiva em populações clínicas levaram à hipótese de que os videogames podem ser usados em ambientes de reabilitação neuropsicológica. No entanto, pesquisas adicionais são necessárias para caracterizar melhor quais funções executivas podem beneficiar-se dessa prática e de que modo ela pode ser efetivamente aplicada em atividades diárias não relacionadas a jogos e a clínicas e não generalizadas.

1.2.7 Padrões de design de jogos

Para aplicar os padrões de design de jogos, a princípio, devem-se escolher alguns modos com base no conceito do jogo central e em requisitos externos. O designer analisa esses padrões em um contexto específico e identifica subpadrões potenciais. Depois, examina e seleciona com base na viabilidade do padrão secundário para, por fim, determinar o novo padrão secundário. Essa atividade continua recursivamente até que o projeto inicial seja concluído.

Um dos benefícios do uso de padrões é que permite aos designers apresentar o conceito do problema de maneira clara e consistente, o que lhes dá a oportunidade de tomar decisões de design que são diferentes das de jogos já lançados. Isso é especialmente importante no chamado *design de jogo experimental*, porque seu objetivo é criar jogos que quebrem os gêneros, os temas ou os estilos tradicionais.

Quando os elementos básicos e blocos de construção são conhecidos e formalizados, é mais fácil inovar e experimentar. A inovação consiste, desse modo, não no emprego de componentes conhecidos, mas no inverso disso.

Resolução de problemas de design

Na pesquisa em design, três perspectivas buscam definir essa atividade. Para Herbert Simon (citado por Klein, 2014), a concepção é fundamental para a resolução de problemas. Nessa direção, o designer racionalmente identifica, em seu contexto de atuação, as alternativas mais eficientes para superar determinados obstáculos.

Essa vertente examina problemas bem definidos, como atravessar um labirinto, porque apresentam as principais propriedades do "mundo real" dos problemas. Dessa forma, podem ser feitas generalizações acerca do processo de pensamento, as quais podem auxiliar na resolução de adversidades mais complexas (Klein, 2014). Ademais, ela dá relevo à racionalidade do ato de projetar, a qual permite reduzir a "complexidade do processo de concepção, para uma atividade orientada a metas", contexto em que o designer "lida com problemas de concepção mal estruturados, para decompor estes problemas em suproblemas menores" e mais bem delimitados (Klein, 2014, p. 70).

Por sua vez, segundo Donald Schön (citado por Klein, 2014, p. 70) – que segue na contramão da racionalidade técnica –, o designer engaja-se na **dinâmica ver-mover-ver**, ou seja, "usa representações do problema de projeto para identificar elementos [da] [...] situação (ver), faz experiências com possíveis soluções (mover), e avalia as consequências destes movimentos (ver)". Nesse sentido, o ato de mover concerne à "representação modificada (esboço) de um projeto, tendo como objetivo a resolução de um problema" (Klein, 2014, p. 70), o que possibilita novos entendimentos do fenômeno em análise e ações inéditas perante ele.

O desenvolvedor constrói, então, os projetos gradualmente por meio de experimentos, em vez de trabalhar desde o início com definição e objetivos de projeto claros, rígidos e prefixados. Nesse contexto, o design engloba dois aspectos: 1) a resolução (de que modo algo deve ser executado) e 2) a definição de problemas (o que deve ser feito). Para tanto, esse profissional avalia aspectos da situação vivenciada e as consequências dos experimentos feitos a respeito.

Conforme Klein (2014), há o enfoque na reflexão acerca da projeção, o que acontece de três maneiras: 1) reflexão sobre o processo (passiva); 2) reflexão durante o processo (reativa); e 3) reflexão acerca da análise feita durante o processo (ativa).

Por fim, a terceira perspectiva é concebida como uma evolução da pesquisa em design, centrando-se no usuário e na cocriação. Com isso, as funções de designers, pesquisadores e jogadores alteram-se. Trata-se, portanto, de uma abordagem evolucionista, pensando nas mudanças tanto de concepção de produto quanto de práticas de design.

De acordo com Klein (2014, p. 72), "o ato de projetar passa a ser um agente de mudança nos sistemas sociais". Além disso, "devido à heterogeneidade de opiniões, o processo de cocriação realça a importância do uso de ferramentas de externalização e comunicação de ideias, como os esboços" (Klein, 2014, p. 72).

Modelo de ponte como representação do processo de design

De acordo com Klein (2014), apenas no século passado, designers apresentaram modelos para a visualização das diretrizes de design, os quais permitiram esclarecer questões fundamentais – como de que maneira projetar algo e como fazê-lo eficazmente –, reduzir riscos do processo criativo, viabilizar a implementação de melhorias nos projetos etc.

Ainda conforme o autor, o processo de design divide-se em **análise** e **síntese** (ou preparação e inspiração). Por vezes, essa segmentação rompe a conexão existente entre esses polos teórico e prático, impede que se observe o movimento que os profissionais executam de um estado para outro – coletando e analisando dados de modo a, em seguida, prototipar uma solução e confrontá-la com a realidade. Para recuperar e ilustrar essa dinâmica, foi desenvolvido o **modelo de ponte**.

Sobre essa questão, Klein (2014, p. 74) acrescenta:

> Os movimentos entre as esferas teóricas e práticas acontecem através da ação dos participantes, e os conhecimentos dos processos que foram aprendidos na prática e são convertidos para ideias abstratas ou teorias [...].
>
> Então, essas teorias são traduzidas de volta para o domínio da prática, na forma de artefatos ou instituições [...]. [...]
>
> O processo de projeto possui fases reconhecíveis e [...] quase sempre começam com as fases de análise, de pesquisa e de entendimento, e no fim com fases sintéticas, de experimentação e de invenção.

A figura adiante demonstra o referido modelo.

Figura 1.8 – **Modelo de ponte**

```
                    Abstrato
                       ▲
            ┌──────────┼──────────┐
         Visões              Ideias
Aprenda ◄──────────┼──────────► Faça
       Observação           Protótipos
            └──────────┼──────────┘
                       ▼
                     Real
```

Fonte: Klein, 2014, p. 74.

Como podemos constatar, essa proposta apresenta quatro quadrantes (Klein, 2014):

1. **Observação:** investigação e descrição da situação.
2. **Visões:** interpretação dos dados coletados e representação da situação.
3. **Ideias:** proposição de alternativas ao primeiro modelo representativo sugerido (hipóteses, especulações etc. sobre o estado inicial).
4. **Protótipo:** construção de protótipos reais, o que permite compreender as necessidades e as expectativas dos usuários e dar significado a elas.

fractal-an/Shutterstock

CAPÍTULO 2

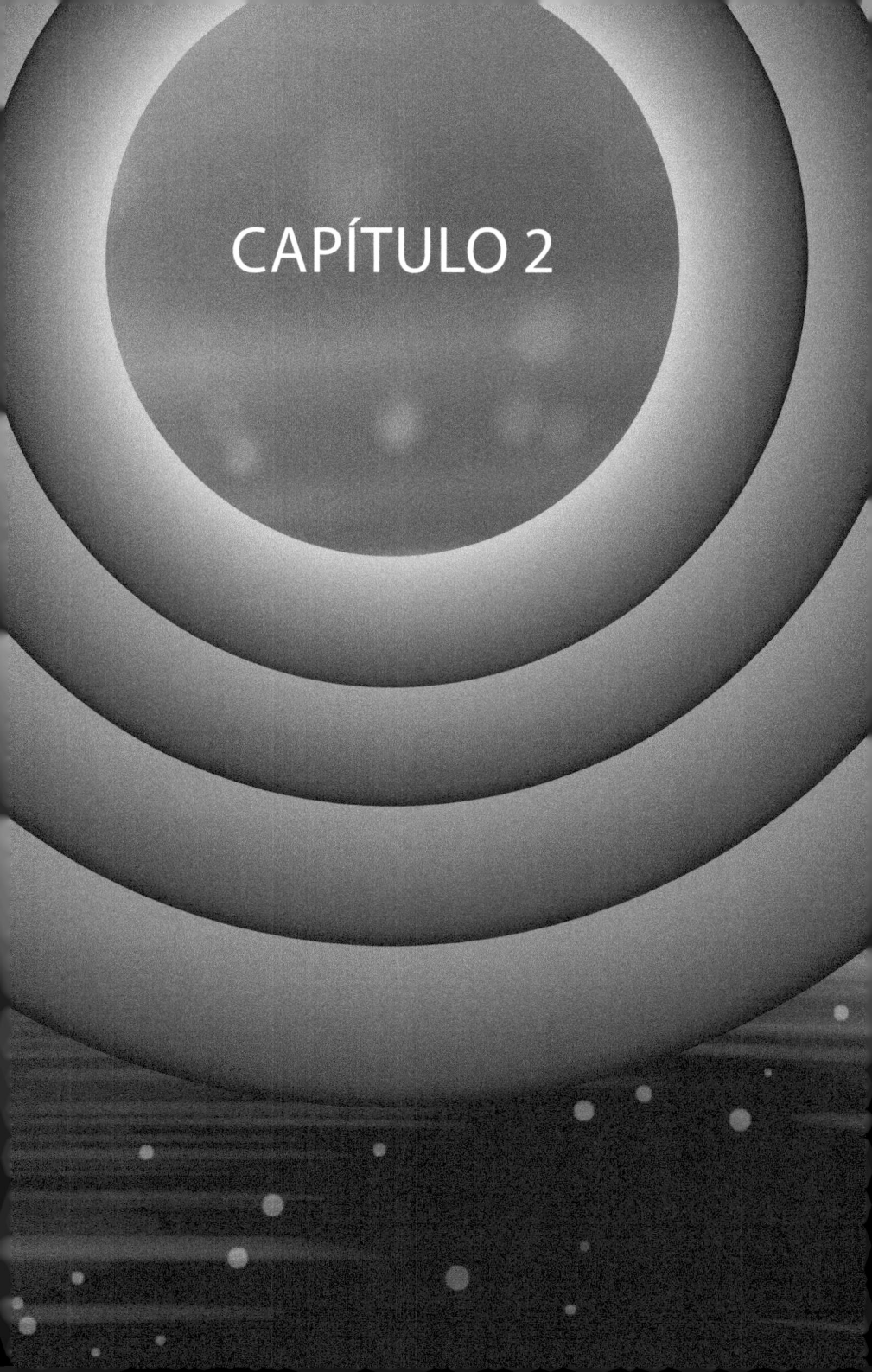

DESIGN DE CENÁRIOS

O design de cenário de jogos é uma disciplina relacionada ao refinamento de conceitos, regras e estruturas que podem oferecer diferentes experiências aos *players*. Em alguns aspectos, o trabalho de um designer de cenários é semelhante ao de um arquiteto ou diretor de cinema e, como esse designer atua na concepção de jogos, ele ocupa uma posição de liderança, tentando relacionar, dinamicamente, sua visão (fantasia) e a realidade e traçar um caminho para aqueles que vão implementar essa combinação (Pagulayan et al., 2003).

Trata-se de uma atividade igual a qualquer outra dentro do projeto, porém sua forma, suas especificações e seu conteúdo são especiais no que tange à jogabilidade e ao avanço do jogo. Esse processo de trabalho varia de um profissional para outro e efetiva-se com base nas políticas internas e externas das empresas, que têm diferentes pontos a proteger (Bates, 2004).

Alguns pensam que é fácil construir mapas ou níveis para jogos, o que não se comprova. A sensação de estar em uma floresta tranquila e escura ou em uma cidade caótica, por exemplo, não depende apenas da localização das árvores ou dos edifícios. É vital, nesse caso, levar o jogador a perceber o ruído e a textura das folhas altas ou a direção dos carros e sua velocidade.

O desenvolvimento do espaço virtual do jogo é um passo fundamental para seu sucesso, e os padrões de qualidade atuais acerca disso são bastante altos. A demanda por desenvolvimento faz com que certos mapas, por exemplo, realmente se tornem obras de arte. Por isso, o designer de níveis tem envolvido, cada vez mais, múltiplos e distintos especialistas.

Nessa conjuntura, métodos inadequados de desenvolvimento de jogos podem levar a equipe a superestimar o orçamento e as previsões de tempo, bem como a lançar produtos com muitos erros (Bethke, 2003). Jogos desenvolvidos sem design formal geralmente são cancelados apenas no final do processo (quando o preço é mais alto). Em outros casos, além da falta de recursos prometidos, o jogo que é lançado tarde, às vezes vários anos depois, pode apresentar erros graves ou não oferecer nenhuma diversão (Sellers, 2004). Por isso, o primeiro passo para criar essas produções é entender como encontrar ideias e de que maneira moldam tais artefatos virtuais.

Os jogos nada mais são do que o espelho de todas as ideias reunidas pela equipe, que são exploradas, melhoradas e concretizadas. Essa definição de desenvolvimento de jogos (concebidos como artefatos) tem ajudado muito na compreensão dos componentes e dos mecanismos envolvidos nesse processo.

No que concerne à dinâmica de montagem de cenário, podemos citar Salen e Zimmerman (2012a), que afirmam não haver muita diferença entre os jogos digitais nesse sentido, uma vez que sua dinâmica é parecida. Para os autores, o que os difere é o quanto são testados e o quanto os problemas são minimizados até a arte-final do produto.

É possível desenvolver um repertório importante sobre o assunto. Nessa perspectiva, quem desenvolve jogos precisa saber jogar e entender a dinâmica dessas produções, pois como é possível criar cenários que favoreçam a jogabilidade se o profissional nunca jogou, analisando-os e experienciando-os de perto?

Os jogos são projetados de modo a criar uma consciência histórica e crítica sobre eles. Logo, para entender como proporcionam experiências e para descobrir quais são eficazes ou não em escolhas de design especial, é preciso ter uma vivência pessoal.

Como mencionado, desenvolver um jogo significa compartilhar sua experiência com outras pessoas de maneira interativa. Os designers podem não encontrar, em outras obras, aspectos que afetem diretamente seus projetos, mas sempre há outros fatores para verificar se as escolhas do jogo foram bem-feitas, como sua duração ou a qualidade das diferentes versões do jogo reveladas pela equipe durante a criação.

Por esse motivo, não é apenas necessário testar esses produtos do ponto de vista do usuário (o que é essencial), mas também descobrir suas vantagens, seus métodos eficazes e ineficazes, métodos de fabricação possíveis e o que pode ser reaproveitado em projetos futuros. Tudo o que for possível testar e tornar próximo da realidade é de grande valia.

2.1 Técnicas para construir cenários: grafite, aquarela e tinta guache

No que concerne à construção do cenário e à animação, é importante explicarmos a tecnologia do grafite. O **grafite** é um mineral de carbono comumente empregado como mina de lápis desde o século XVI, podendo apresentar diferentes durezas, o que afeta as características oferecidas ao usuário (mais fino, mais escuro, mais claro). Os artistas que se especializam no desenvolvimento da arte do grafite podem fazer retratos realistas ou usar técnicas como o pontilhismo.

Essa tinta veio originalmente da China e acredita-se que seja o primeiro pigmento conhecido pela humanidade. Tradicionalmente, é preta (hoje, podem ser feitas outras cores), encontrada na versão líquida ou em bastão e aplicada na forma de solução aquosa para a obtenção de diferentes alterações tonais.

No Oriente, especialmente no Japão, o grafite é largamente utilizado na caligrafia e na arte cômica definitiva. No Ocidente, por sua vez, é amplamente encontrado nos acabamentos de algumas formas de arte, geralmente no formato de quadrinhos.

Já a **aquarela** é uma técnica de pintura em que a diluição da tinta em água é muito elevada, conferindo à obra um aspecto transparente. Normalmente, é usada em papel mais grosso para evitar perfurações e outros danos. Embora admirada por suas "manchas" e charmosas imperfeições, é utilizada de maneira extremamente restrita no campo das ilustrações científicas e botânicas. Ela também exige muita paciência, pois primeiro é preciso criar os tons mais claros, esperar a tinta secar e só depois pintar os tons mais escuros.

Por fim, há a **tinta guache**, que também é aquarela (pode ser diluída em água), mas torna-se opaca em razão da adição de tinta branca em sua composição. Também requer papel grosso, mas não tanto quanto o papel para aquarela à base de água.

2.2 Pixel art

O conceito de *pixel art* foi proposto pela primeira vez em 1972, quando Richard Shoup criou o *software* Super Paint para o sistema Mac, da Apple. No entanto, o primeiro registro do termo data de 1982, quando Adele Goldberg e Robert Flegal o citaram em uma série de artigos enquanto trabalhavam para o Centro de Pesquisas Xerox, em Palo Alto.

No mundo dos jogos, diante das limitações dos primeiros consoles, que suportavam um número restrito de cores e animações, a *pixel art* emergiu como solução. Embora também limitado em termos técnicos, esse estilo ainda satisfaz o público em todo o mundo. Comumente, transmite a sensação de nostalgia entre os jogadores por remeter aos clássicos dos anos 1980 e 1990, por vezes considerados obras de arte primorosas. Por isso, não é difícil encontrar cenas, mecanismos e personagens com características semelhantes às de *Super Mario*, *Mega Man* e *Sonic*, por exemplo. A introdução dessas referências pode abrir mais possibilidades para diferentes públicos, desde crianças a adultos.

Para estudarmos esse estilo, precisamos entender que um *pixel* é o menor elemento ao qual cores podem ser atribuídas em um dispositivo visual eletrônico. A presença de um *pixel* pode representar visualmente o ambiente e a primeira forma do avatar no jogo.

Embora o vejamos quadrado, o *pixel* não tem necessariamente essa forma. Cada *pixel* é um ponto composto por três pontos: um vermelho, um verde e um azul, remetendo ao famoso sistema de cores RGB (de *red*, *green* e *blue*). Esse sistema é capaz de gerar 256 tonalidades derivadas das três cores originais e, combinando-as, é possível exibir algo em torno de 16 milhões de cores diferentes.

Os gráficos de um jogo são produzidos com base em imagens pré-renderizadas, chamadas de *bitmap*. Como o nome indica, uma imagem *bitmap* contém informações sobre a localização de cada *pixel*. Esse esquema de *layout* é dado pelos números binários atribuídos a cada cor, e o resultado é semelhante ao mosaico, que é uma forma de arte milenar usada para gerar imagens. Assim nasceu a *pixel art*, cujo fundamento são os já conhecidos princípios para criar gráficos.

Basicamente, a *pixel art* pode ser definida como a criação ou a edição de uma imagem por intermédio da alocação de cada *pixel*. Hoje em dia, pode ser feita em qualquer programa de edição de *bitmap*, de preferência aqueles que permitem dimensionar o *zoom* de maneira a se editar livremente cada *pixel*. Os *softwares* mais comuns são: Photoshop, Fireworks, Corel Photopaint e até alguns mais acessíveis, como Paint e GIMP.

2.2.1 Jogos com cenários em *pixel art*

Para quem não se lembra ou não conhece gráficos em *pixel art*, vejamos alguns exemplos de jogos nesse estilo, desde clássicos até recentes lançamentos independentes.

- *Space Invaders* (1978) foi lançado no Arcade e inspirado nos clássicos *Star Wars* e *World Wars*.
- *Super Mario Bros.* (1985) é um dos dez jogos mais influentes de todos os tempos. Também na lista do portal IGN, *Super Mario* pode ser considerado um dos jogos mais populares da Nintendo e um dos primeiros feitos de forma *side-scrolling*.

Sua influência nesse âmbito e na cultura popular é tão grande que mesmo pessoas que nunca o jogaram podem reconhecer sua trilha sonora e seus efeitos visuais.

- *Super Meat Boy* (2010), alguns anos após o lançamento de *Super Mario Bros.*, tornou-se muito popular desde sua publicação. O jogo foi criado pela dupla de desenvolvedores Edmund McMillen e Tommy Refenes e conta a história de um açougueiro (um personagem vermelho, pequeno e com um curativo na testa) tentando resgatar sua namorada. O jogo foi selecionado pelo portal IGN como o mais desafiador de 2010 e ganhou o prêmio de Melhor Jogo para Download dos *sites Game Spot* e *Game Trailers*.

Figura 2.1 – **Frame de Super Meat Boy**

Fonte: Super..., 2021.

Hotline Miami (2012), desenvolvido por Jonatan Söderström e Dennis Wedin, tornou-se um enorme sucesso em razão de sua jogabilidade, trilha sonora e qualidade gráfica. Foi feito em 2D e, ao contrário do jogo de plataforma *side-scrolling*, fornece uma visão superior da cena e dos personagens.

Figura 2.2 – **Frame de Hotline Miami**

Fonte: Hotline..., 2021.

Nem só de jogos estrangeiros a indústria é feita. Algumas produções brasileiras que alcançaram sucesso na *pixel art* são:

- Ubermosh (2015) foi desenvolvido por Walter Machado no estilo *arcade*. Nele, os jogadores podem apreciar diversas canções de *rock* (uma trilha sonora composta pelo próprio Machado) em meio a um cenário *cyberpunk*.

- *Oniken* (2012) foi lançado para Windows, Mac OS X e Linux. É um jogo de ação no estilo plataforma, com jogabilidade inspirada no sucesso de *Strider*, *Ninja Gaiden* e *Shatterhand*, e os jogadores precisam derrotar "chefes" em cada uma de suas fases.

Figura 2.3 – **Frame de Oniken**

Fonte: Oniken..., 2021.

- *Tower of Samsara* (-2016) é um jogo de plataforma que leva os jogadores à Idade Média para experimentar conceitos filosóficos e budistas, aprimorando-se espiritualmente na história. Foi criado por Danilo Ganzella, Gabriele Marchi, Guilherme Gaspar e Chris Christodoulou.

Figura 2.4 – **Frame de *Tower of Samsara: Hidden Treasures***

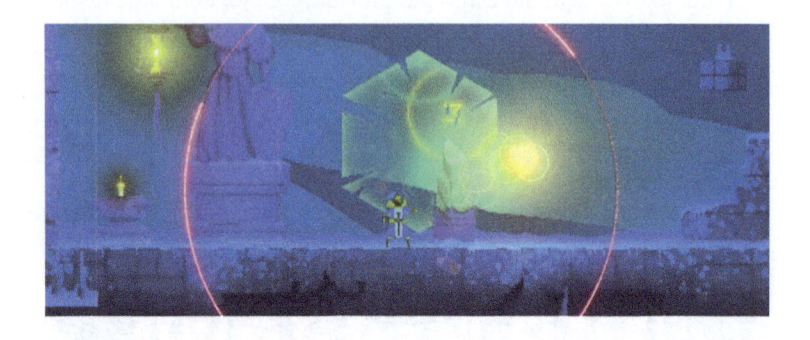

Fonte: Tower..., 2021.

Tendência relacionada: *low poly art*

Na mesma lógica da *pixel art*, surgiu mais uma forma de representação gráfica: a *low poly art* – como o nome sugere, uma arte de baixo polígono. Isso nada tem a ver com o processamento de nível mais baixo de imagens digitais, mas com os polígonos que compõem uma imagem tridimensional gerada por computador (objeto). Essas imagens também são chamadas de *malhas*.

Nesse caso, o número de polígonos é reduzido para facilitar a renderização (processamento) em tempo real (Derakhshani; Munn, 2008). Nesse sentido, quanto mais polígonos a grade tem, mais detalhada é a imagem. Essa redução para a obtenção de imagens menos complexas geralmente é feita em razão de limitações técnicas.

Durante a quinta geração de videogames, entre 1993 e 2002 (também chamada de *era de 32 bits*), essa tecnologia foi amplamente utilizada. Nessa época, os gráficos eram tridimensionais, embora vários jogos já explorassem o uso de polígonos de alguma forma. Mesmo com mudanças significativas na indústria, em razão dos recursos limitados de processamento em tempo real dos consoles, eles seguiram exigindo imagens mais simples.

Previamente à chamada *sétima geração*, que compreendeu de 2005 a 2013 (sendo marcada por consoles como PlayStation 3, Nintendo Wii e Xbox 360), os desenvolvedores criaram modelos com baixa densidade de polígono e alta resolução aplicada. A textura é muito detalhada para simular. Quase todos os objetos 3D usados para renderização em tempo real serão caracterizados como *low poly*.

Antes de 2013, um modelo animado com polígonos de alta densidade só podia ser criado após um processo de pré-renderização (como em um filme de animação). No processo de pré-renderização, é necessário renderizar um servidor *farm* composto de milhares de computadores para obter o resultado do *frame* em um tempo de processamento maior. Após a conclusão disso, o produto é convertido em vídeo para que possa ser copiado em outra mídia.

Um modelo com polígonos de alta densidade (também chamados de *polígonos de alta*) geralmente é criado em um *software* de computador (um bom exemplo é o ZBrush76). O número de polígonos para um único objeto 3D pode chegar a centenas de milhares. Todo videogame será considerado *low poly art* em comparação com o cinema de animação.

Diante de tudo o que foi exposto, é possível questionar: Os gráficos desses jogos são, de fato, tão diferentes uns dos outros? Mesmo com uma diferença de quase dez anos, seus personagens têm o mesmo número de polígonos. Com o tempo, o que mudou foi a capacidade de lidar com a luz, as sombras, as texturas e a resolução, agora ampliada para a obtenção de imagens mais refinadas.

2.2.2 O trabalho com *pixel art*

No desenvolvimento de jogos, investir em *pixel art* tem algumas vantagens, e uma delas é a facilidade para produzir. Como são desenhos feitos *pixel* por *pixel*, os desenvolvedores têm mais chances de criar protótipos de cenas, personagens ou objetos rapidamente por meio de várias ferramentas gratuitas. Portanto, a curva de aprendizado pode ser um pouco maior do que as atividades que requerem *software* e conhecimento mais complexos (como modelagem 2D e 3D).

Além disso, em um programa de edição de imagem, é preciso ampliar a figura ao máximo até que seja possível editar cada *pixel* individualmente. Isso significa que cada detalhe criado tem um grande impacto na arte-final.

Para quem não tem qualquer familiaridade com o assunto, outra opção é pesquisar e baixar obras de arte prontas em *sites* de *assets*. Algumas imagens podem ser gratuitas ou pagas. Antes de inseri-las em jogos, é fundamental verificar as regras e as licenças atribuídas a cada pacote. Ademais, é possível criar cenários e figuras incríveis, com diversos estilos, formatos e temáticas.

Antes de criar um game em *pixel art*, é importante atentar para algumas particularidades desse tipo de projeto. O primeiro passo para configurar o protótipo é definir a resolução do jogo tendo em vista o dispositivo para o qual se destina. Por exemplo, jogos para dispositivos móveis podem não precisar de uma resolução muito alta. Desse modo, quanto menos capacidade esse gráfico demanda, mais dispositivos ele suporta, podendo atrair mais jogadores.

Para criar um efeito retrô em uma tela de cerca de 4 polegadas, pode-se fazer uma arte com cerca de 240 × 160 para tornar os *pixels* claramente visíveis. Uma boa maneira de desenhar objetos e personagens é trabalhar com uma proporção de 32 × 32 *pixels*, pois isso facilita redimensionar itens e texturas no motor de jogo em uso.

Depois de estabelecer a resolução, é hora de dar vida aos personagens, às cenas e aos objetos do jogo. É necessário definir um estilo e criar cada item de tamanho adequado para sua tela e seu estilo. Além disso, deve-se escolher uma paleta de cores para todas as obras de arte e respeitar essa combinação, a fim de que os padrões sejam harmoniosos aos olhos do jogador. Caso se deseje evocar imagens clássicas de 8 *bits*, pode-se aplicar a paleta de cores padrão no programa de edição.

Outras dicas para começar a criar *pixel art* estão elencadas a seguir.

Resolução mais baixa

A resolução do jogo em *pixel art* não precisa ser grande, porque esse estilo é dedicado precisamente a dispositivos mais limitados. Para se ter uma ideia, *Super Mario Bros.* tem apenas 256 × 224 *pixels*, ao passo que o próprio personagem Mario tem 12 × 16 *pixels*.

Além da *pixel art*, outro estilo popular entre artistas e designers de jogos é o *voxelart* (abreviação em inglês cujo significado é "volume de *pixel*"). Basicamente, trata-se de um *pixel* 3D. Na *pixel art*, os dados são armazenados em *bitmaps*, e os *voxels* são feitos em uma grade tridimensional.

Anti-aliasing

Em programas de edição de imagem não dedicados à *pixel art*, é necessário desligar o *anti-aliasing* ao usar ferramentas como borracha, redimensionamento e movimentação, pois isso suaviza automaticamente as bordas e muda a forma dos *pixels*. Para produzir esse efeito em gráficos de *pixel art*, a técnica de modificação de bordas deve ser executada manualmente.

Modo de grade

Para facilitar a visualização e o preenchimento dos *pixels*, é recomendável ativar o modo grade no programa de edição. Isso torna mais precisa a criação de travessões.

Zoom

É fundamental se certificar de que o editor de imagens usado tem a opção de aumentar o *zoom* até que se possa visualizar e excluir facilmente cada ponto desenhado.

Curvas

É preciso prática e técnica para desenhar a curva gráfica em *pixel art*. Ao contrário da ferramenta de elipse, é necessário desenhar alguns pontos intermediários entre as arestas. Assim, o formato fica mais fiel e bonito.

Sprites animados

Quanto mais detalhes constam no diagrama, mais trabalhosa é a tarefa de animar o objeto. Em alguns programas, esse recurso é mais fácil de manipular. No entanto, em alguns casos, é necessário redesenhar parte da imagem.

Sombra

Assim como é impossível criar uma elipse com ferramentas prontas, os efeitos de sombra e luz em *pixel art* devem ser desenhados à mão. Portanto, não é recomendável usar a opção gradiente embutida no programa.

Coloração

A distinção entre *pixel art* e 8 *bits* pode suscitar dúvidas. Quando um jogo é feito em 8 *bits*, isso não significa que ele tem uma imagem pixelizada, e sim que seu modo de cor é compatível com essa faixa. Por exemplo, no primeiro modelo de videogame, apenas 256 cores diferentes puderam ser aplicadas. No caso do Atari 2600, alguns de seus jogos não tinham bordas, o que demandava um grande contraste entre os números para evitar confusão. O jogo *Air-Sea Battle*, lançado em 1977, é um bom exemplo disso.

Mesmo com uma paleta mais limitada, podem-se usar *pixels* para desenhar sombras, efeitos de iluminação e outros detalhes. No entanto, para manter o estilo de *pixel art*, é recomendável desenhar esses efeitos manualmente e evitar recursos prontos disponíveis em *softwares* de edição de imagem. Outro truque é usar a paleta de cores padrão do programa, como Paint, Photoshop ou outros semelhantes. Mas é necessário estar atento à coordenação de todo o gráfico.

Assim como GIFs e outros tipos de animação, podem-se animar *pixmaps* por meio de quadros. Muitos programas de edição de gráficos já oferecem suporte a esse recurso. Com ele, o usuário pode criar um personagem, abrir um novo quadro com base em um modelo já desenhado e fazer as modificações necessárias para adicionar movimento no diagrama. Soma-se à facilidade o fato de não ser mais preciso desenhar o mesmo objeto repetidamente para modificar parte dele.

2.2.3 Evolução da *pixel art*

Em modelos de jogos mais antigos (como o Atari 2600), os gráficos em *pixel art* não adicionavam contornos aos elementos, o que exigia que o contraste entre as cores do objeto e as da cena fosse forte o suficiente para se destacar na tela. Como o número de cores aplicado nesses consoles era reduzido, era muito comum encontrar jogos com combinações de cores abaixo do ideal.

Com o advento do console de 8 *bits*, houve um grande salto na qualidade das imagens. A partir do lançamento do console de 16 *bits*, o uso de contornos nos elementos do *display* aumentou a diversidade de cores, e a diferença na visualização da tela se tornou evidente. Isso quer dizer que todas as produções das eras de 8 e 16 *bits* foram projetadas com *pixel art*.

Para quem já passou muitas horas em frente à TV, esse avanço não só deixou o visual do jogo mais bonito, mas também trouxe benefícios visuais. A imagem resultante não exigia muito esforço dos olhos, dado que, além de inserir um contorno mais escuro para atenuar os elementos, não necessariamente configurava um contraste forte entre as cores.

Após a crise dos videogames, transcorrida em 1983 (quando começou a era do computador doméstico), o público passou a esperar níveis de qualidade e de produção cada vez maiores, sobretudo diante das novas conquistas técnicas, que ofereceram recursos quase que ilimitados e aumentaram a carga de trabalho dos desenvolvedores.

À proporção que mais jogos foram publicados, o aspecto gráfico deles foi aprimorado. Em meados dos anos 1990, com a difusão de jogos 3D no mercado, a *pixel art* foi substituída por polígonos gerados por vetores. Esse tipo de gráfico apareceu pela primeira vez nos computadores pessoais, depois nos consoles PlayStation, Sega Saturn, Nintendo 64 e Arcade, e segue evoluindo até hoje.

A animação vetorizada (com maior resolução) também começou a ser aplicada nas indústrias televisiva e de jogos. Por algum tempo, o uso de *pixel art* restringiu-se à criação de ícones para sistemas operacionais e de trabalhos publicitários para a *web*.

Comparados com os jogos 3D recentes, a maioria dos primeiros jogos de polígonos parece assustadora, principalmente por suas falhas em termos gráficos. Contudo, sabemos que *pixel art* é uma identidade, demanda bastante criatividade na produção de cada videogame. Muitos jogos do tipo não deteriorarão com o tempo porque são tidos como obras de arte.

Considerando-se que, atualmente, os jogos dominantes no mercado são tridimensionais, os polígonos funcionam melhor, e a tecnologia é totalmente condizente com o campo criativo. Por isso, os jogadores têm assistido ao renascimento de jogos antigos nessa modalidade, como *Super Mario Bros.*, *Trap* e *Sonic*. Na figura a seguir, podemos comparar a evolução de uma dessas produções.

Figura 2.5 – **Evolução do personagem Mario**

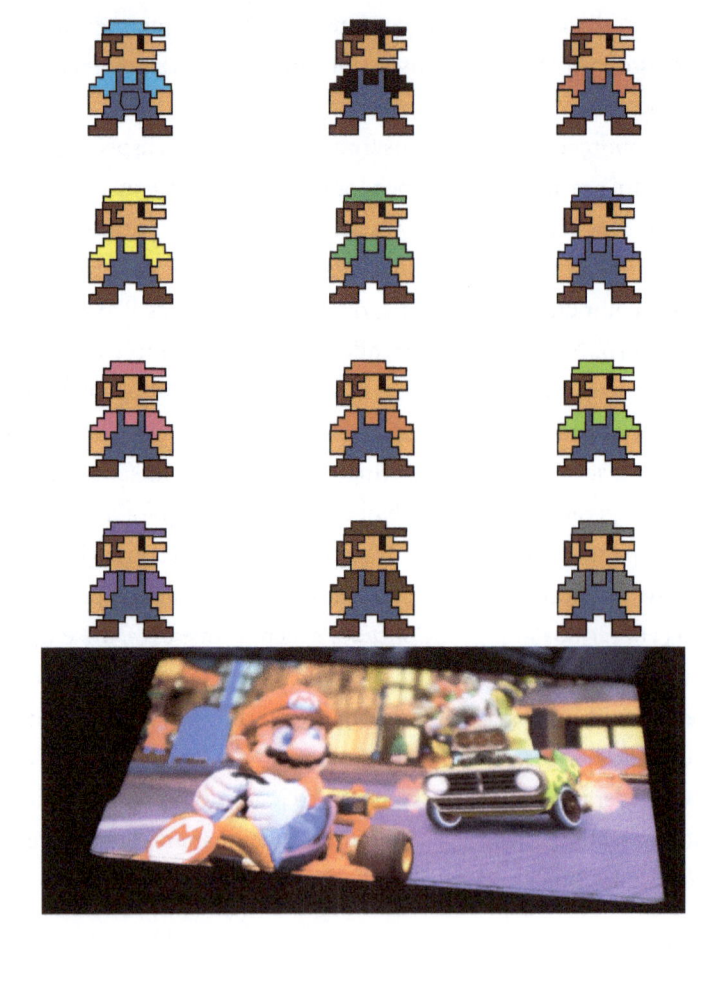

Cumpre pensarmos não só no peso da nostalgia, mas também no fato de que esses games não são "feios" ou muito velhos para serem apreciados e proporcionarem a experiência de jogo. Isso leva a uma melhor compreensão do valor da *pixel art*, especialmente diante do surgimento de jogos independentes na nova geração de consoles como alternativa à explosão dos jogos 3D.

Esses jogos, chamados de *indie*, conferem nova vitalidade à *pixel art* e, até mesmo, segmentam o público *gamer*. Atualmente, por meio da utilização de *softwares* mais eficientes, com praticidade, agilidade de programação e criação, os jogos feitos com *pixel art* têm alcançado robustez e maior resolução.

O mercado reagiu positivamente a esse evento, mas por quê? Como mencionado, a *pixel art* é constituída por traços absolutos, corretos e apenas algumas camadas de gráficos. Desde sua criação, houve uma demanda por resultados elevados e maior criatividade. Pode-se dizer, por isso, que o criador de jogos de *pixel art* deve ser um verdadeiro artista. Outro fator que contribuiu para aquele fato é que estamos familiarizados com o resgate cultural na música, nos filmes e nos jogos. Essas produções integram nosso sistema cognitivo e, por conseguinte, condicionam a compreensão acerca de tudo que vivemos e viveremos.

No mundo dos videogames, alguns temas e experiências marcaram várias gerações. No caso da *pixel art*, personagens como Mario, Sonic e Link podem perdurar em seus jogos até hoje e acumular dinheiro para seus criadores. Cabe destacar que os jogos pixelizados também vêm sendo ressuscitados em emuladores e consoles antigos, inspirando novos games com o mesmo estilo gráfico.

Nos últimos anos, foi até possível inserir *pixels* em um ambiente tridimensional, com o alcance de excelentes combinações e conversões incríveis na forma como o jogo funciona. Ademais, todas as maneiras possíveis de tornar a *pixel art*, em seus diversos tipos, mais reconhecida estão sendo pesquisadas e praticadas. Produtores e investidores seguem estimulando pequenos estúdios criativos e até criadores individuais.

Na contemporaneidade, a *pixel art* é a melhor escolha gráfica para jogos de celular, pois a baixa resolução do aparelho e sua pouca memória exigem produções leves. Vale ressaltar que esse segmento de mercado no Brasil está crescendo, sendo a porta de entrada para quem deseja entrar nessa indústria.

High bit

Um jogo *high bit* opera acima das limitações das plataformas de 8, 16 e 32 *bits*. Um bom exemplo é *Minecraft*. Se somarmos todas as plataformas em que foi lançado, constataremos que ele ultrapassou 70 milhões de cópias vendidas. Mas como esse jogo continua no topo de vendas entre computadores e consoles, mesmo depois de toda a evolução gráfica e de jogos bastantes complexos disponíveis no mercado?

Hoje, há muitos jogos complexos, com mil comandos e 10.000 opções de aventuras. De encontro a isso, os jogos de 8 *bits* chamam a atenção e trazem a simplicidade que a modernidade exige, superando determinados problemas para oferecer beleza, facilidade e diversão compensatória por trás da tela.

Em complemento, podemos citar como exemplos *Owl Boy* (desenvolvido pelo D-Pad) e *Contra 3: the Alien Wars* (criado pela

Konami). Também é pertinente mencionarmos o jogo *FEZ (desenvolvido pela Polytron)*, que foi capaz de rodar em qualquer resolução no ano de 2012 e apresenta ambientes incríveis que criam uma ilusão tridimensional, o chamado *fake 3D* – com planos de duas dimensões sobrepostos e simulando um de três. Essa produção também recorreu à pintura volumétrica para conferir a sensação de volume às cenas.

Na era *high bit*, também emergiu o **efeito paralaxe**, que emula profundidade ao dar menor velocidade à imagem de fundo em comparação com a da imagem em primeiro plano (Back, 2017).

Apesar de sua evolução, jogos nesse estilo ainda enfrentam um desafio: a configuração customizada da resolução, que exige dos criadores recursos para complementar as imagens quando redimensionadas. Essas produções também foram criticadas por não ofertarem suporte para *widescreen*. Hoje em dia, seus *pixels* podem ser organizados perfeitamente e sem perda de qualidade, já que, quando um novo padrão para esses jogos aparece, sua resolução pode ser expandida até o dobro (Back, 2017).

Diante do exposto, podemos concluir que jogos de alto escalão aprimoraram a *pixel art* e, com melhor resolução e impressões 3D, amplificaram seu sucesso.

2.3 Cenários 3D: desenvolvimento, conexão com a realidade e efeitos sobre os jogadores

Como desenvolver métodos de produção de cenas 3D e aplicá-los à configuração de novos ambientes de jogo? O desenho de uma solução de sucesso inclui as seguintes etapas: **seleção, pesquisa, desenvolvimento de miniaturas e melhoria**. Vários itens de cena devem ser agrupados, em lugar de se delinear uma cena por vez, a fim de estabelecer a unidade entre os elementos e permitir julgar se cada um deles tem contraste ou um modo adequado.

No entanto, é óbvio que existem muitas diferenças entre as arquiteturas, ou seja, entre o corpo físico e o mundo virtual que vivenciamos com todos os sentidos. O mundo virtual mostra-se por meio de imagens e depende intimamente dos estímulos sensoriais aliados a sentimentos pessoais.

Para conduzir a projeção de algo, o responsável deve ter certa compreensão desse objeto, sendo ele uma cadeira, um serviço de entrega ou uma produção de cinema. Logo, é preciso entender o mundo real, principalmente para transpô-lo ao virtual (no caso dos jogos).

Nesse sentido, como a vivência física do espaço fornece inspiração para a criação de outras edificações virtuais, por exemplo? Em primeiro lugar, é necessário observar os tipos de edifícios que existem em nossas cidades e como as pessoas interagem com elas. De maneira simplificada, as cidades podem ser consideradas espaços positivos ou negativos. Nesse caso, os edifícios são elementos completos, e os espaços abertos, elementos zerados. Seja no domínio físico, seja no virtual, as esferas pública e privada são igualmente relevantes para a experiência do usuário.

Ruas totalmente desertas ou edifícios destruídos podem transmitir as sensações de mistério, terror ou ambas. Peguemos qualquer cena dos jogos das franquias *The Walking Dead* e *Assassin's Creed*, por exemplo, em que a intenção de seus designers é tornar a experiência do usuário incerta, para que o próximo passo se torne menos óbvio e convide-o a explorar um espaço tão cuidadosamente elaborado.

Contudo, é fundamental que os jogadores não se percam em cada esquina, razão pela qual os designers, muitas vezes, acrescentam aos espaços componentes chamativos. Em quase todos os jogos digitais, os elementos espaciais são manipulados o tempo todo para criar uma narrativa significativa para aqueles que os jogam. Dessa maneira, materiais, texturas e acabamentos desempenham um papel primordial na percepção do jogador acerca do cenário.

Se você deseja alimentar uma sensação de "peso", pode carregar uma estrutura enorme no ambiente. Se quer destacar elementos individuais, pode estabelecer contraste entre os componentes da paisagem. Assim, precisa entender e enxergar o videogame como um designer de interiores, e não só como desenvolvedor.

Uma vez que os designers arquitetam um ambiente 3D, e não apenas gráficos 2D, aplicar os princípios básicos do design de interiores é muito útil para ajudar os usuários a compreender o espaço e como navegá-lo. Esses profissionais precisam **criar uma sequência ou uma direção** para que o jogador se localize no espaço, **uma complexidade** para que ele se sinta transferido para o espaço do jogo, assim como **uma expressão ou uma estrutura narrativa** que nele evoque diferentes sentimentos. Todos esses princípios devem estar perfeitamente coordenados para que a experiência virtual funcione e atraia mais *players*.

No mundo virtual, a criatividade não tem limites. Podemos "dar vida" a tudo o que imaginarmos sem ter de lidar com gravidade, custos, mão de obra e outros problemas. Desde que o ambiente seja eficaz, todas as sugestões podem tornar-se "reais" em um mundo virtual. Quando o cenário, o enredo e o personagem combinam, tem-se a **jogabilidade**, e a cena toma forma no mundo, assim como um universo na mente do usuário.

> Nos últimos anos, os videogames se tornaram um grande aliado dos arquitetos que buscam pensar fora da caixa. Ao trabalhar com projetos utópicos e sugestões que nunca se concretizaram, alguns desses profissionais pensam esses espaços de maneira vanguardista para se inspirar e transferi-los para o mundo virtual.

A conclusão do projeto para cenas de jogos e ambientes virtuais é que mesmo os games mais realistas podem alterar a realidade, proporcionando uma maneira muito específica de ver e participar do espaço.

Ainda que você tente se livrar da realidade, não consegue, mas sua percepção dela pode mudar. No mundo virtual, os dados relativos à noção do espaço e do tempo e à sensação de "espaço vivo" são constantemente questionados e podem ser modificados, mas também dependem de como são captados pelo usuário. Nessa perspectiva, o design do ambiente virtual viabiliza configurar um outro mundo e pode ser utilizado para criticar o modo como cidades físicas são construídas e desafiar sua estrutura de poder.

Quando se desenvolve o protótipo de uma cena de jogo, precisa-se, além da arte e da percepção do mundo, de ferramentas para colocar a arte em prática (um motor gráfico para desenvolvimento de jogos), como Unity 3D, UDK e Cryengine. O processo de desenho sempre tem como base a construção da cena, portanto, é algo perfeito e que exige excelente trabalho e esforço.

Em se tratando de produções cujo ponto forte são os cenários realistas, vale a pena mencionarmos *Assassin's Creed Valhalla*, um dos jogos mais recentes da série da Ubisoft, que foi lançado em novembro de 2020.

Embora tenha entrado no mercado ainda inacabado, a qualidade de sua imagem supera tudo que já foi visto até agora em termos de proximidade com a realidade. Sua ambientação cria um mundo diferente, mas ainda muito real. Além disso, é possível escolher o gênero do herói protagonista, e existem vários soldados-amigos e inimigos interagindo entre si em cenas de guerra e de invasão bem-construídas e imersivas.

> Examine esses e outros aspectos assistindo a um vídeo disponibilizado pela própria produtora:
> ASSASSINS Creed Valhalla: Opening Hours Gameplay. **Ubisoft North America**, 6 nov. 2020. 115 min. Disponível em: <https://www.youtube.com/watch?v=cRzzl9LZc0k>. Acesso em: 10 nov. 2021.

CAPÍTULO 3

TECNOLOGIAS E MÉTODOS PARA PROGRAMAÇÃO DE CENÁRIOS

Uma das questões mais importantes a ser considerada antes de começar o desenvolvimento de um jogo é a escolha da tecnologia a ser implementada.

Nesse sentido, o **videogame com base em blocos** é uma tecnologia de desenvolvimento em que a cena é composta de pequenas imagens quadradas, retangulares ou hexagonais (chamadas de *tiles*, ou *til* em inglês). O número total de peças que podem ser usadas para formar uma cena é chamado de *conjunto de peças*.

Essas peças são ladrilhos espalhados no fundo, em forma de grelha, semelhantes à forma como os tijolos são alocados na parede. Alguns ladrilhos também podem ser colocados em cima de outros para dar a impressão de profundidade. A maioria dos jogos que usam blocos são bidimensionais e podem ter uma visão de cima para baixo ou isométrica.

A cena é gerada por um vetor 2D, e cada unidade armazena as informações do ladrilho correspondente. Um **ladrilho** é um conjunto de elementos gráficos dispostos em uma matriz. A ideia principal do mapa de blocos é definir uma cena única formada por elementos gráficos repetidos.

A vantagem de usar essa tecnologia é que a criação de uma cena grande demanda o uso de pouca memória, pois é construída por meio da cópia de ladrilhos. Com isso, é possível inserir muitos elementos em uma cena e utilizar o menor espaço requerido possível de uma máquina.

Os metadados podem ser usados para armazenar recursos, como colisões e danos. Alguns jogos tridimensionais usam técnicas de renderização de cena semelhantes às fatias 2D.

Atualmente, há diversas *engines* disponíveis no mercado para programação de jogos digitais. Elas oferecem uma amplitude de linguagens de programação, recursos visuais e bibliotecas, de modo que desenvolvedores escolham as que mais se adaptam às suas necessidades. Cumpre notar que a maioria desses motores tem recursos centrais referentes a aspectos como animação, colisões, sons e outros artefatos contidos nessas produções (Piloti, 2017).

A **animação** é um dos recursos mais usados nos videogames, manipulando imagens para dar vida a personagens e cenas. Conforme Piloti (2017), "imagens são representadas por uma matriz de pixels e renderizadas na tela do computador em quadros chaves separados por um intervalo de tempo definido".

A técnica mais comum usada para implementar animação em jogos digitais é o *tiled*, que separa todos os *frames* dela em uma única animação, com apenas parte da imagem sendo projetada na tela do computador, assim criando um *sprite*. Essa técnica também emprega mapas de blocos em formato isométrico. Tal tecnologia cria a ilusão de um ambiente 3D em uma imagem 2D e pode ser examinada em jogos como *The Legend of Zelda*, *StarCraft* e *Sim City 2000* (Piloti, 2017).

Outra técnica amplamente aplicada para conferir profundidade a uma cena é a **estratificação**, que consiste em separar os *sprites* do jogo por níveis visuais. Isso possibilita "que personagens sejam renderizados em meio a pilhas de camadas, permitindo efeitos como passar atrás de árvores e em frente a casas, ou nuvens sobre o sol" (Piloti, 2017).

Por sua vez, a tecnologia **hit box** tem a função de detectar a sobreposição de um ou mais itens e inclui *sprites* com formas geométricas simples (como retângulos e círculos). Uma das maneiras mais fáceis de detectar conflitos é usar retângulos, contexto em que o algoritmo garante que não haja diferenças entre seus quatro lados. Outra maneira prática de detectar colisões é entre círculos, caso em que o algoritmo calcula a distância entre o centro do círculo e verifica se tal centro é menor que os dois raios somados (Piloti, 2017).

Em complemento às funções dessas tecnologias, é necessário que o áudio, responsável por aumentar o *feedback* e a atmosfera do jogo, empregue a tecnologia *buffer* no motor para reduzir o uso de dados da rede móvel. ***Buffering*** é o processo de pré-*download* de arquivos multimídia pelo navegador para garantir uma reprodução uniforme (Piloti, 2017).

Diferentemente dos jogos 2D, os 3D estão cada vez mais próximos do ambiente real. Apesar disso, muitas das técnicas utilizadas na produção de jogos 2D também podem ser aplicadas em produções 3D, a depender do que o desenvolvedor considerar adequado nesse sentido.

Nas próximas seções, apresentaremos, em detalhes, mais alguns recursos importantes e eficazes para a programação de cenários.

3.1 Cocos2d-x

O Cocos2d-x é um *framework* para desenvolvimento de jogos móveis com código nativo (C/C++) em plataformas como Android e iOS. Esse *framework* é uma versão do Cocos2d, cuja programação é feita em Objective-C e, por isso, é usada apenas para desenvolvimento de jogos iOS (Cicanci, 2012).

Conforme Cicanci (2012), ele permite a publicação da mesma produção em várias plataformas móveis sem que precise ser refeita. Só é preciso compilar para a plataforma necessária, isso após configurados corretamente o ambiente de desenvolvimento e o projeto.

Trata-se de uma linguagem de código aberto que pode ser usada no GitHub, no iOS/Objective-C (Cocos2D-iPhone), em HTML5/JavaScript (Cocos2d-HTML5) e em C#/XNA (Cocos2d-x-for-XNA). Essas quatro versões direcionam-se a distintas plataformas e distinguem-se pela linguagem de programação, mas sua arquitetura e seu conteúdo são os mesmos. Portanto, se você compreende uma versão, é capaz de lidar com qualquer outra. "Outra vantagem desse padrão é que existem excelentes ferramentas que suportam a Cocos2d, como o TexturePacker (para criar sprite sheets), o PhysicsEditor (para adicionar física ao jogo) e o Tiled (que criar mapas 2d e perspectiva)" (Cicanci, 2012).

Para desenvolver no Windows, é preciso usar o Visual Studio Professional ou Express, e o Cocos2d-x tem modelos para as versões 2008, 2010 e 2012. No Mac OSX, deve-se usar o Xcode para programação, e alguns modelos podem ser acrescidos ao Cocos2d-x para criar um projeto. Ainda, é compatível com Linux, mas com iOS (iPhone e iPad) é apenas no Mac OSX. Outros sistemas operacionais, no entanto, suportam somente Android (Cicanci, 2012).

Para abrir a cena no Cocos2d-x, é preciso criar um gráfico lado a lado. Dados diferentes elementos gráficos originais, podem-se criar esquemas organizando-se esses componentes de maneiras distintas. Para isso, tal recurso manipula o mapa de blocos. Posteriormente, discutiremos como manipular tal mapa no código. Antes, é preciso atentar para a organização, os tipos de arquivo que o definem e seus principais elementos.

3.1.1 Formato TMX

Você já ouviu falar sobre o padrão TMX? O mecanismo gráfico Cocos2d-x abre o mapa de blocos codificado no padrão TMX. Esse padrão é aberto, ou seja, se aplicado em um jogo, não requer o pagamento de *royalties*. Ele organiza as fatias da mesma maneira que no arquivo XML.

É essencial entender como esse arquivo está organizado, já que algumas informações só são acessíveis aos programadores quando ele se encontra aberto. Para tanto, devemos assimilar que seus componentes centrais são, de acordo com Viertel (2014):

- **Mapa** (*map*): define e engloba os principais elementos de um mapa de blocos. Ele determina a orientação e o tamanho (número de elementos verticais e horizontais) do mapa, assim como o tamanho do elemento gráfico original (largura e altura em *pixels*).

- **Conjunto de blocos** (*tileset*): define um conjunto de nomes para elementos gráficos primitivos que podem ser usados em mapas de blocos.
- **Imagem** (*image*): determina a imagem com base na qual o elemento gráfico original é criado. Funciona mais ou menos como uma folha de *sprite*.
- **Camada** (*layer*): caracteriza a camada de elementos gráficos que compõem o mapa de blocos. A ideia principal da camada é sobrepor blocos para criar diferentes elementos na cena.
- **Grupo de objetos** (*objectgroup*): define um grupo de objetos usados no jogo.
- **Objeto** (*object*): estabelece os elementos que podem interagir com os personagens do jogo: inimigos, portas fechadas que podem ser abertas etc.

3.2 Ferramenta Tiled

Jogos que não têm um ambiente bonito e bem-projetado, via de regra, não alcançam sucesso. Da mesma forma, aqueles que contêm muitos erros na cena fazem qualquer jogador duvidar se são realmente profissionais. Para evitar essa problemática, é necessário conhecer e manipular com eficiência ferramentas para programar cenários.

Uma das ferramentas gratuitas que gera arquivos TMX com base nas imagens de fatias editadas manualmente é a Tiled, e a imagem adiante apresenta um cenário montado por meio dela.

Figura 3.1 – **Cenário construído com Tiled**

Quando o primeiro lote de jogos começou a ser comercializado, era impossível usar gráficos detalhados, porque eram grandes e demoravam muito para serem explicados. Para preencher essa lacuna, o método com *tiles* foi desenvolvido.

Esse método divide a imagem em várias partes, que são chamadas de *tiles*. Depois que a imagem é separada sistematicamente (dependendo do método, uma ou mais formas geométricas podem ser usadas para mapear suas partes e verificar se ela tem um tamanho padrão), o mesmo bloco pode ser reutilizado na imagem inicial em vários locais diferentes.

Ao realizar uma inspeção, devem-se separar todos os blocos diferentes e usar uma matriz para a representação de imagens e de outras estruturas de dados (geralmente vetores), com o propósito de desenhar onde cada bloco deve ser repetido.

Com isso, percebe-se que não é mais necessário carregar a imagem inteira durante a execução do programa, mas sim os *tiles* principais. Eles são copiados e incorporados para formar a imagem desejada. Por meio desse método, pode-se reduzir, significativamente, a quantidade de memória requerida pelos recursos gráficos do jogo.

Graças à tecnologia de programação atual, também é possível identificar cada *tile* como um objeto, bem como definir seus atributos e de que maneira os agentes no mundo interagem com ele. A adaptabilidade desse método viabiliza seu emprego em jogos que demandem recursos, mas sem perder muita qualidade gráfica.

Para entendermos como funciona a ferramenta, vamos adicionar um conjunto de peças para dar início ao jogo:

1. No menu superior, selecionamos "Mapa" e clicamos em "Novo Tileset";
2. Consultamos a tela em que aparece "Valor de entrada";
3. Nomeamos o conjunto gráfico original no lado direito da tela como "Bloco".

Temos duas áreas que definem certas funções do editor de mapas, e a primeira é o editor de camadas. As camadas do mapa lado a lado são listadas nela. Pode haver várias camadas de elementos gráficos primitivos, que podem ser nomeados arbitrariamente. Outra área do lado direito dos blocos é o editor de conjunto de blocos. Também podemos alterar o nome lá e selecionar os elementos gráficos originais a serem incluídos no mapa de blocos (Viertel, 2014).

Conhecido o sistema, é possível configurar seu mapa do cenário. Para criar um arquivo TMX, basta instalar o mapa e salvar clicando no menu superior "Arquivo"; em seguida, selecionar "Salvar" (Viertel, 2014).

3.3 **Bricking**

O modelo de representação de cena em tijolo visa estender a tecnologia de representação de mapa de blocos (*tiles*) para oferecer suporte a vários planos de representação.

A área de modelagem relacionada à cena é dividida em N camadas de acordo com as necessidades de representação dos elementos dela. Essas camadas seguem o conceito de ladrilho e são organizadas em grades regulares separadas. Uma vez definidas, elas são organizadas em diferentes alturas para formar uma pilha de camadas sobrepostas (Santos; Santos, 2009). Observe um exemplo de modelagem *bricking* a seguir.

Figura 3.2 – **Modelagem *bricking***

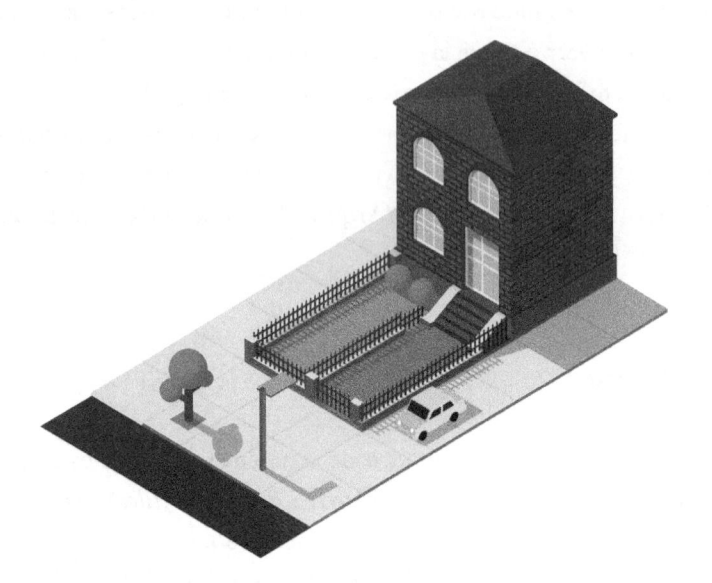

O objeto pode ser inserido em qualquer coordenada (x, y) em determinada camada i, definindo, assim, o bloco de construção B (x, y), i. A estrutura de dados básica usada para a representação de bloco é uma matriz tridimensional. A primeira dimensão da matriz representa o número de camadas; as outras duas dimensões representam as coordenadas cartesianas (x, y) dos ladrilhos no plano definido pelas camadas (Santos; Santos, 2009).

Por exemplo,

uma matriz 3 × 4 × 5 tem três camadas, e cada uma delas formada por um plano que contém *bricks* distribuídos em uma matriz 4 × 5 [...].

Assim, em uma matriz M [c] [i] [j] o valor c corresponde à camada do cenário, os valores de i e j correspondem às coordenadas do objeto contido na camada c, em um ambiente tridimensional. Além da matriz de representação, é necessário definir uma lista L de conjuntos de coordenadas de *bricks* que correspondem a um mesmo identificador. (Santos; Santos, 2009, p. 34)

O objetivo dessa lista é otimizar o processo de renderização, porque, ao contrário da matriz com uma ordem de acesso diferente, o contexto é alterado cada vez que um bloco diferente é acessado, mas todos os contextos de bloco (ou seja, textura, geometria etc.) da mesma renderização são compartilhados, o que minimiza a sobrecarga associada a essas trocas (Santos; Santos, 2009).

Essa tecnologia cria modelos de cenário com objetos de cena identificados por tijolos. Com isso em mente, a modelagem da cena deve ser concluída determinando-se o tamanho dos tijolos de modo a incluir o maior objeto a ser representado no modelo para que nenhum outro objeto ultrapasse dado tamanho (Santos; Santos, 2009).

A operação de detecção de colisão dessa tecnologia é realizada apenas no estágio generalizado. Dessa forma, os tijolos marcados como "intransponíveis" na cena são usados diretamente para teste de colisão. Essa tecnologia ainda não suporta a detecção direta de colisão de fase estreita dos objetos contidos nos tijolos (Santos; Santos, 2009).

3.3.1 Tratamento de colisão

Por meio de uma grade regular para definir blocos, a posição individual de cada ladrilho pode ser determinada. Conforme Santos e Santos (2009, p. 34), "Na modelagem de um cenário de jogo é importante definir que determinados tipos de tile não podem ser penetrados por objetos que podem se movimentar dentro do ambiente". Logo, quando a área ocupada pelo objeto cruza o limite da área de ladrilhos (ou conjunto de ladrilhos) definida como "intransponível", ocorre a detecção de choque.

O mesmo mecanismo simples de detecção de colisão é usado em jogos 2.5D (ou pseudo3D), os quais combinam uma representação 2D ou mapa de blocos com elementos renderizados 3D. Exemplos de variantes dessa ideia incluem:

> *i)* personagens 2D atuando em frente a um cenário de fundo em 3D, como é o caso do Street Fighter IV [Capcom 2009]; *ii)* personagens poligonais 3D sobre uma plano de fundo bidimensional, como é o caso de Ragnarok Online [Gravity Co. and Myoungjin 2005]; ou *iii)* um jogo com representação completa em 3D (via *sprites* e polígonos texturizados), mas com deslocamento restrito a um único plano, como é o caso de títulos como DOOM da Id Software [id software 2009a] e Duke Nukem 3D da 3D Realms [Realms 2009]. (Santos; Santos, 2009, p. 34, grifo do original)

Embora a cena seja renderizada em três dimensões, o controle de colisão realiza apenas uma fase de descarte ou um *link* de fase ampla entre a posição atual da câmera ou personagem e os ladrilhos. Se o ladrilho é "transportável", o deslocamento procede normalmente; caso contrário, independentemente da representação 3D associada ao ladrilho, configura-se um choque (Santos; Santos, 2009).

A estratégia de processamento de colisões descrita pode produzir uma situação inconsistente com as expectativas do jogador (por exemplo, ser capaz de transpor obstáculos baixos, como caixas) e a realidade apresentada no jogo eletrônico. Por isso, discutimos tal tecnologia nesta obra, com o fito de resolver essa adversidade e, ainda, reter as vantagens de *tiling* no esquema (Santos; Santos, 2009).

Alguns requisitos de projeto para resolver essa questão são, de acordo com Santos e Santos (2009):

- Suportar colisões a nível de eliminação.
- Usar algoritmos de manipulação simples.
- Configurar um mecanismo de economia de memória, de modo que o componente seja carregado uma vez e possa ser reutilizado quando necessário.
- Fornecer uma estrutura de dados fácil de representar e manipular.
- Dispor de uma capacidade de representação de objetos maior que a do método pseudo3D.

3.3.2 **Memória**

De acordo com Santos e Santos (2009), o custo de memória dessa tecnologia assemelha-se a de *tiles*: com o mesmo identificador e a representação dos mesmos objetos renderizados em suas coordenadas. Visto que os objetos são iguais, as texturas aplicadas a eles também são as mesmas, então só é preciso carregá-las uma vez e aplicá-las.

A modelagem de tijolos pode ser usada para subdividir uma parte maior do esquema de memória. "Por exemplo, paredes de um cenário podem ser divididas em vários 'tijolos' menores. Desta maneira, basta carregar apenas as imagens correspondentes às partes contidas nos *bricks* distintos que formam a parede e replicá-los onde for necessário" (Santos; Santos, 2009, p. 35).

Kundra/Shutterstock

CAPÍTULO 4

ATRIBUIÇÃO DE "VIDA" AO JOGO E SEUS COMPONENTES

Para que os componentes de um jogo, já "vivificados" pelas cores, texturas etc., ganhem "inteligência", sejam capazes de executar, autônoma e coerentemente, certas ações no ambiente, os desenvolvedores recorrem a diversos sistemas, recursos, algoritmos etc. Com isso, criam personagens e cenários com comportamentos menos previsíveis e mais desafiadores, proporcionando uma *gameplay* mais realista e imersiva.

Neste capítulo, apresentaremos alguns deles e traçaremos um panorama do estado da arte da inteligência artificial nos jogos (ou seja, o nível mais alto já alcançado por tal recurso).

Tendências no mercado de jogos

A evolução tecnológica não determina somente os tipos de jogos que podem ser feitos, mas também como são distribuídos e vendidos. Quando o desenvolvedor encontra uma maneira inovadora e atraente de jogar, o restante não tem escolha a não ser segui-lo para obter sua parte no fluxo de receita. Se alguém identifica uma forma de atrair mais *players*, isso obriga outras empresas a fazer o mesmo (Saarinen; Kultima, 2011).

Tendências assim estão interligadas e têm um impacto poderoso em todas as áreas de desenvolvimento de jogos. Desse modo, o aumento do poder computacional, por exemplo, permite aos desenvolvedores construir programas de inteligência artificial mais completos, oferecendo aos designers de jogos novas possibilidades, sobretudo melhorias para os cenários.

Além do avanço tecnológico, outro fator que afeta o setor é a mudança do público consumidor de jogos digitais, que tem se tornado paulatinamente mais amplo e ambíguo (Kultima, 2009), bem como tem migrado para o mercado de massa, conforme aduzem Saarinen e Kultima (2011). Soma-se a isso o fato de que jogos muito simples (que não exigem grande habilidade dos jogadores) têm se popularizado, especialmente em plataformas móveis e serviços de mídia social (como o *Facebook*).

A era dos jogos casuais está viva! As produções *on-line*, para dispositivos móveis e *indie* são as novas forças motrizes da indústria. Trata-se de games produzidos em um ciclo mais rápido e, embora não adotem um modelo formal de desenvolvimento, seu ambiente de design permite maiores ousadia e experimentação (Katharine, 2012). Como resultado disso, há uma demanda crescente por novos jogos e métodos de jogo.

Exemplificam o exposto empresas como a Rovio, responsável pela publicação do jogo *Angry Birds*, que estão atraindo cada vez mais investimentos e crescendo até no mercado cinematográfico (foram lançados até então dois filmes dos personagens de *Angry Birds*).

4.1 *Pathfinding* e agentes

Agentes são personagens capazes de tomar decisões com base nas informações de que dispõem. Conforme Reis (2012), podem apoiar-se na **arquitetura BDI** (*belief, desire, intention*): crenças (regras internalizadas), desejos (objetivos fixados) e intenções (ações tomadas para alcançar os objetivos).

Segundo Russel e Norvig (1995, citados por Damião; Caçador; Lima, 2014), o programa de um agente é capaz de perceber todos os elementos no ambiente com seu sensor e nele intervir por meio do atuador. Se tomarmos os robôs como exemplo principal, caso substituíssem olhos, por exemplo, funcionariam como sensores para reconhecer aspectos do local. Assim, saberiam onde se mover, obstar e rastrear, proporcionando, assim, uma série de escolhas entre as várias ações possíveis. Na execução de um movimento fundamentado nesses cálculos, motores, rodas e outros elementos serviriam de atuadores.

Nessa perspectiva, um **agente racional** ou inteligente é aquele que, dadas as várias entradas (percepções fornecidas por sensores), desempenha o melhor papel com base em seu conhecimento interno e nas informações recebidas.

Como sabemos, nos videogames, os personagens realizam diferentes rotas, a fim de que não façam sempre o mesmo percurso nem rompam leis da Física (por exemplo, atravessando objetos ou flutuando sem equipamentos). Para assegurar isso, os desenvolvedores utilizam algoritmos de *pathfinding* – como o nome indica, que encontram caminhos –, antecipando qualquer variável do jogo que afete ou interrompa a rota percorrida (Reis, 2012). A imagem a seguir demonstra esse processo.

Figura 4.1 – *Pathfinding*

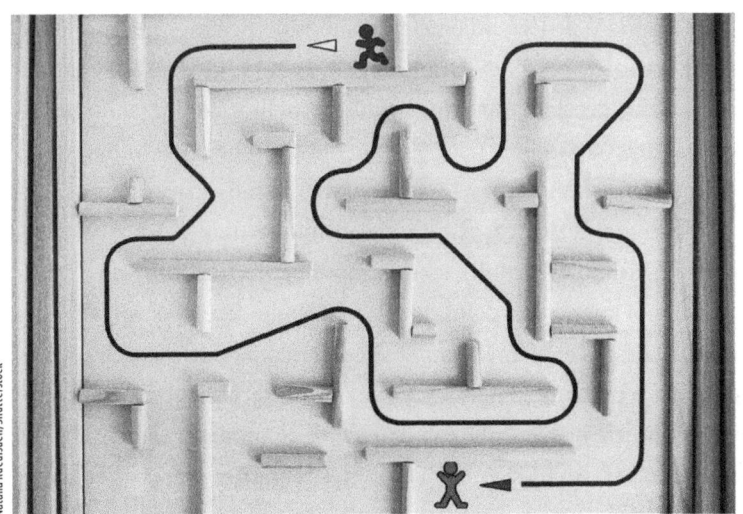

Esses algoritmos também podem ser combinados com outros, para permitir, por exemplo, que o personagem corra e ataque os inimigos simultaneamente. São um dos mais importantes recursos empregados na produção de videogames (Reis, 2012). A maioria deles tem uma visão baseada em matriz ou grade, assim como o método Tiled, que mapeia o ambiente para distribuir uma parte da imagem.

Você pode perceber que, combinando os dois, temos os principais pilares do jogo: um método com gráficos que economizam memória e alguns algoritmos que podem fazer o agente se mover pelo mundo com base em *tiles*. No entanto, como dito no início, o método Tiled é usado para o *hardware* que não foi originalmente desenvolvido para jogos.

Por exemplo, agora existem alguns *smartphones*, celulares e *tablets* que reproduzem jogos, mas sabemos que suas capacidades de memória e processamento não são tão eficientes quanto as de computadores pessoais. Diante disso, emerge uma problemática: os usuários desejam que o jogo tenha o melhor desempenho possível naqueles aparelhos (isto é, semelhante ao de um computador); entretanto, o *hardware* não suporta algoritmos mais poderosos.

Na maioria dos casos, um algoritmo de navegação mais simples é escolhido, como o uso de movimento aleatório ou *scripts* fixos (movimento predefinido e padrões de desempenho). Vamos imaginar esta cena: um agente bate em uma parede e simplesmente desenha o próximo caminho. Pode ser que, após alguns movimentos, ele acerte novamente. Em determinado momento, se ele chegar à mesma parede, na segunda etapa, aparentará ser mais inteligente.

Contudo, por meio da execução contínua, o usuário pode saber claramente que o caminho do agente foi predeterminado.

Em ambas as situações (desenhar um caminho ou achar uma porta), o ambiente (a parede) será danificado. No primeiro caso, o jogador pode perder o interesse pelo jogo ao perceber que o agente não detém informações equivalentes à realidade. No segundo caso, após a execução contínua, uma vez que o jogador pode "prever" o comportamento do agente, o jogo pode tornar-se "muito fácil", eliminando muitos dos apelos desse tipo de personagem.

4.1.1 Ambientes de atuação

O ambiente no qual o agente está imerso pode ser classificado de diferentes maneiras de acordo com as previsões, as mudanças do agente e as características da relação com ele. Um **ambiente totalmente observável** é aquele cujo estado completo pode ser percebido pelos sensores do agente a qualquer momento. Se o próximo estado do ambiente puder ser previsto com base no estado atual e no comportamento do agente, tem-se um **ambiente determinístico** (se não for aleatório).

O enredo é uma coleção da percepção do agente e de sua ação única. No arranjo do lote, a decisão do agente no lote atual não afeta o lote subsequente. Em um **ambiente sequencial**, as decisões atuais impactam todas as decisões futuras. Se o ambiente pode mudar quando o agente decide suas ações, podemos dizer que é um **ambiente dinâmico**; caso contrário, é um **ambiente estático**.

Um **ambiente discreto**, por sua vez, pode ser definido por estados, ações e percepções limitados. No entanto, se esse conjunto é imenso e encontra-se em constante mudança, podendo ser comparado ao infinito, então o consideramos um **ambiente contínuo**.

4.1.2 *Non-player characters* (NPCs): conceito e comportamento

Personagens não jogáveis (em inglês, *non-player characters* – NPCs) são agentes que não podem ser controlados pelo jogador, sendo parte do enredo e das cenas do jogo. Os usuários podem interagir com os NPCs para, por exemplo, completar tarefas, comprar e vender itens ou aprender sobre a história do universo do videogame. Confira um exemplo adiante.

Figura 4.2 – **NPC em um cenário**

Alguns aspectos de destaque e analisados atualmente são a interatividade e a inteligência dos personagens controlados por computador. Isso se deve ao fato de propiciarem continuidade e posterior identificação do jogador. Independentemente da plataforma em que o jogo esteja rodando, deve haver essa identificação, ou seja, mesmo que o jogo esteja sendo executado em um navegador em vez de em seu próprio console, a atitude do NPC deve ser consistente.

Espera-se que um NPC perceba seu ambiente e interaja com ele de maneira muito próxima à atitude humana. Por exemplo, uma pessoa, ao ver um labirinto, tenta identificar e realizar uma série de atitudes para atingir seus objetivos (como sair desse local). Da mesma forma, em jogos, espera-se que um personagem controlado por computador possa mover-se no ambiente de modo mais natural.

Portanto, a inteligência artificial relacionada às ações dos agentes controlados por computador é algo primordial na programação de videogames. Por isso, deve-se criar um algoritmo para controlar a navegação do agente por meio da inserção de seu ambiente.

4.2 Lógica *fuzzy*

A lógica difusa (ou *fuzzy*) baseia-se na teoria dos conjuntos difusos. Nesse tipo de lógica, o raciocínio exato corresponde ao caso extremo do raciocínio aproximado, que é interpretado como um processo de síntese de relações *fuzzy*. Nesse sentido, o verdadeiro valor de uma proposição pode ser um subconjunto *fuzzy* de qualquer conjunto parcialmente ordenado. Esse valor é expresso linguisticamente (por exemplo, *verdadeiro*, *muito verdadeiro*, *falso*, *muito falso* etc.), sendo cada termo interpretado como um subconjunto difuso de um único intervalo. Quanto aos predicados, são *alto, baixo* etc., sendo alterados por modificadores como *muitos, mais* ou *menos* – os quais geram categorias como *muito alto, mais* ou *menos próximo*.

Na lógica *fuzzy*, há expressões referentes às probabilidades – por exemplo, *alta probabilidade, impossível* etc. Essas probabilidades são interpretadas como números *fuzzy* e tratadas por meio de aritmética *fuzzy*.

Modelagem e controle *fuzzy* são técnicas de processamento estrito de informações qualitativas. Esse tipo de tecnologia considera como descrever a imprecisão e a incerteza e, ao fazer isso, torna-se poderosa o suficiente para manipular o conhecimento facilmente. Uma vez que geralmente não envolve nenhum problema sério de cálculo, é conveniente para uso em sistemas de controle de processo em tempo real, computadores ou microcontroladores. Então, a modelagem difusa e a teoria de controle lidam com a relação entre entrada e saída e adicionam alguns parâmetros de processo e controle.

A implementação bastante simplificada do sistema de controle *fuzzy* pode reduzir a complexidade do projeto a ponto de os problemas que antes não podiam ser resolvidos se tornarem superáveis.

> É importante lembrar que não existe uma lógica padrão para todos os tipos de entidades no jogo. O designer pode implementar o mesmo tipo de lógica para várias entidades, mas ele deve adaptar parte dela para que consiga o efeito desejado.

4.3 Sistemas de regras e máquinas de estados finitos

Sistemas de regras, também conhecidos como *sistemas especialistas*, são constituídos por uma base de conhecimento (normas preestabelecidas) e um motor que processa informações conforme essas regras, com cláusulas *if* e *then* ("se" e "então") em programação. Dessa forma, esse mecanismo determina, real e simplesmente, o que um jogador pode ou não fazer em determinado jogo (Ribeiro et al., 2021).

> O principal ponto que distingue os sistemas especialistas dos algoritmos tradicionais é o fato de que a qualidade do resultado gerado não está associada à natureza de seu processamento, mas sim à quantidade de informações acerca do problema e de suas possíveis soluções. Por isso, sistemas especialistas complexos são caracterizados por motores simples associados a extensas bases de conhecimento. (Ribeiro et al., 2021, p. 6)

Adiante, apresentamos algumas regras que poderiam compor esse sistema:

- Se um avião == pequeno, **então** é um avião == econômico.
- Se um avião == econômico, **então** é um avião == mais barato.
- Se o item == barato é o item == azul, **então** o item == interessante.
- Se um avião == híbrido, **então** avião == sustentável.
- Se um item == sustentável, **então** é um item == interessante, devo comprá-lo.

Há duas maneiras de lidar com essas regras, segundo Ribeiro et al. (2021):

1. **Direta:** "o motor de processamento percorre a base de regras elaborando questões que objetivam expressar uma conclusão relacionada às informações fornecidas pelo usuário" (Ribeiro et al., 2021, p. 6). Vejamos um exemplo de como isso ocorre:
   › Q) O avião é pequeno? R) Não. C) Então você não deve comprá-lo.
   › Q) O avião é pequeno? R) Sim.
   › Q) O avião é azul? R) Sim.
   › Q) Esse avião é muito interessante. O avião é rápido? R) Sim. C) Então você tem de comprá-lo.

2. **Reversa:** "o usuário especifica um objetivo e o motor de processamento de regras procura definir os critérios necessários para que este objetivo seja alcançado" (Ribeiro et al., 2021, p. 6). Observemos o caso adiante:
   › Objetivo: Eu quero comprar um avião.
   › Condição 1) O avião deve ser amigo do ambiente.
   › Condição 2) O avião deve ser azul.
   › Condição 3) O avião deve ser barato.
   › Condição 4) O avião deve ser econômico.
   › Condição 5) O avião deve ser pequeno.

Evidentemente que esses exemplos são muito básicos em comparação com as milhares de regras interligadas e que requerem processamento computacional intensivo nos sistemas especialistas reais, cujo uso é mais frequente no âmbito da saúde, sendo úteis na realização de diagnóstico auxiliar de pacientes.

No âmbito dos jogos digitais, conforme Ribeiro et al. (2021, p. 7),

> sistemas especialistas podem ser utilizados no processamento de linguagem natural em jogos que envolvam uma interação mais humanizada com o jogador. Nota-se, no entanto, que, a exemplo do ocorrido com árvores de busca sem qualquer capacidade de aprendizagem, este sistema imita um comportamento inteligente, pré-programado e condicionado pela qualidade de sua base de regras.

Esses sistemas, é pertinente enfatizar, não devem ser confundidos com máquinas de estados finitos (*finite state machine* – FSM), tipo de dispositivo "com uma formalização rígida, usado por matemáticos para resolver problemas baseados em eventos discretos" (Ribeiro et al., 2021, p. 15), sendo a máquina de Touring a mais famosa delas. Em outras palavras, trata-se de "uma abstração de uma máquina que conduz diversos estados predefinidos, definindo condições que determinam quando um estado muda. O estado atual determina como a máquina se comporta" (Ribeiro et al., 2021, p. 15). A ideia de uma FSM "é decompor um comportamento de um objeto em estados facilmente gerenciáveis" (Ribeiro et al., 2021, p. 15).

No contexto dos jogos, Ribeiro et al. (2021) citam como exemplo de aplicação de FSM os fantasmas de *Pac Man*, cujos diferentes comportamentos expressam determinados estados, e a transição de um estado para outro decorre das ações do jogador: se ele come uma pílula de força (um *power-up*), os inimigos saem do estado "perseguir" para o "fugir".

Power-ups

Consideram-se *power-ups* "uma forma do jogador conquistar um benefício a partir de um determinado esforço, incentivando uma atitude que visa melhorar seu desempenho e que deve ser alinhada a objetivos gerais do jogo e cognitivos" (Pedrosa Júnior; Caparelli; Serrano, 2017, p. 228). Em outras palavras, são elementos que afetam a jogabilidade, modificando as habilidades do jogador ou o universo em que se encontra.

Conforme Lang-Nielsen (citado por Pedrosa Júnior, Caparelli; Serrano, 2017), *power-ups* podem ser divididos em quatro tipos: 1) consumíveis armazenados (ficam no inventário até que o jogador decida ativá-los); 2) consumíveis instantâneos (são ativados assim que coletados); 3) constantes (recursos que aprimoram permanentemente as habilidades do jogador); e 4) recarregáveis (precisam ser reiniciados por outros *power-ups*).

Alguns exemplos de *power-ups* são os *mushrooms* no *Super Mario World* (cogumelos que tornam o personagem grande e possibilitam que ele seja atingido por inimigos uma vez sem morrer por isso) e a *Ika-Ika* em *Crash Bandicoot 4: It's About Time* (máscara que permite mudar a direção da gravidade). Cabe destacar que esse primeiro *power-up* evoluiu a ponto de deixar de ser um componente do cenário para se tornar um personagem em versões mais recentes de jogos da franquia.

Os desenvolvedores do jogo devem determinar o tempo de duração, o impacto, entre outros aspectos dos *power-ups*. É necessário equilibrar todas as variáveis para entender quais itens e condições precisam ser acrescidos ao jogo para uma experiência mais satisfatória e mais divertida para o usuário.

Segundo Pedrosa Júnior, Caparelli e Serrano (2017), a criação de *power--ups* desdobra-se nas seguintes etapas:

- Avaliação da importância da plataforma de jogo (compreende o que limita a experiência do usuário).
- Definição das variáveis que as interações realizadas no jogo podem alterar (equilibra a dificuldade).
- Aplicação de princípios de probabilidade (faz o elemento surpresa prevalecer).

De acordo com Ribeiro et al. (2021, p. 16, grifo do original), as principais vantagens das FSMs são:

- **Facilidade e rapidez**: existem diversas formas para programar uma máquina finita de estados, e quase todas elas são simples de programar.
- **Facilidade de depurar**: quando um comportamento de um agente estiver sendo interpretado de forma incorreta, este pode ser facilmente depurado rastreando [sic] o código entre os estados.
- **Intuitivo**: os estados são interpretados de maneira similar ao pensamento humano.
- **Flexibilidade**: um agente pode ser facilmente ajustado e evoluído em um projeto de jogo digital, podendo receber novos estado e condições. Técnicas de lógica fuzzy e redes neurais podem ser combinadas à lógica de uma Máquina finita de estados.

4.4 Redes neurais

Um sistema resultante de uma parceria entre a Intel e Qifeng Chen, da Universidade de Stanford, trouxe novas possibilidades para a "construção de cenários 3D para jogos, efeitos especiais em filmes, animações" (Sisnema, 2021).

Com base em uma rede neural formada por 5.000 imagens em baixa resolução de vias públicas da Alemanha, sua IA assimilou os padrões desses locais. Na sequência, os pesquisadores projetaram modelos 3D para cada uma dessas imagens e incumbiram a IA do sistema de combinar esses planos bi e tridimensional. Em outras palavras, "o desafio era fazer a máquina entender [...] forma, profundidade, distância e textura de cada objeto numa imagem" (Sisnema, 2021).

Como resultado, a IA "não só conseguiu reproduzir todas essas fotos em 3D, como também foi capaz de criar cenas, sequências de imagens, quase tão realistas quanto o trabalho de um designer humano" (Sisnema, 2021). Espera-se que, no futuro, ela consiga substituir o trabalho desse profissional ou pelo menos executar parte dele, o que pode proporcionar ganhos de tempo e maior regularidade e precisão na qualidade dos materiais.

Além dessa rede neural, vale citar a DeepDream, da Google, lançada em 2015, capaz de gerar imagens em alta definição, por meio de colagens, de pessoas inexistentes.

Mas, e no âmbito dos jogos? Já há redes neurais semelhantes? Se sim, o que são capazes de fazer?

4.4.1 GAN e Esrgan

A fabricante de placas de vídeo e eletrônicos Nvidia apresentou um método de geração de faces únicas: GAN (*generative adversarial networks*; em tradução livre, redes geradoras adversárias). Trata-se da combinação de duas redes neurais concorrentes, assumindo uma a função geradora (renderizar imagens ou solucionar problemas) e a outra a função oponente, com o fito de desafiar os resultados oferecidos pela primeira. A imagem adiante representa esse processo.

Figura 4.3 – **Funcionamento do método GAN**

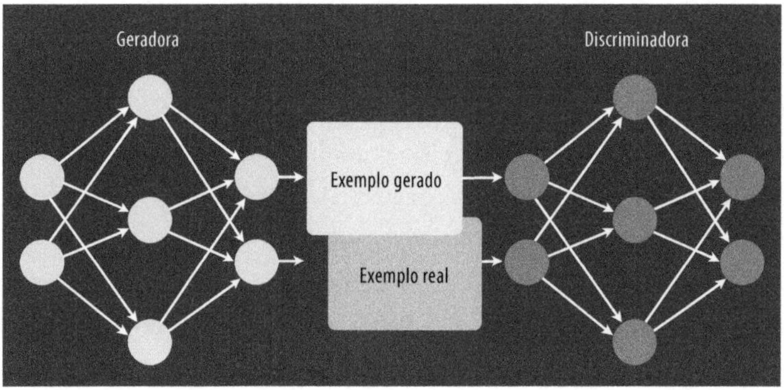

ShadeDesign/Shutterstock

Conforme Ellis (2018),

Pegando emprestado o estilo de outra foto, o gerador baseado em estilo usa redes GAN treinadas e consegue manipular e misturar automaticamente diferentes características das imagens.

Tudo é feito graças a identificação e separação automática de atributos básicos da foto como pose e identidade, com variações mais sutis como óculos, espinhas, cabelos, marcas na pele e etc.

Dessa maneira, são criados rostos que não existem, como é possível conferir no vídeo a seguir indicado:

> A STYLE-BASED Generator Architecture for Generative Adversarial Networks. 3 mar. 2019. 6 min. Disponível em: <https://www.youtube.com/watch?v=kSLJriaOumA>. Acesso em: 10 nov. 2021.

À semelhança da GAN, a tecnologia Esrgan (*enhanced super-resolution generative adversarial networks*; em tradução livre, redes geradoras adversárias de super-resolução aprimoradas), também proposta pela Nvidia, é capaz de criar cenários com base na análise de diversas fotos e no reconhecimento de seus padrões (materiais, objetos, partes do corpo etc.). Entre os *gamers*, contudo, adquiriu um uso específico: reviver jogos antigos.

Ao abordar a dificuldade de remasterizar essas obras (ou seja, de melhorá-las graficamente), Iscai (2019) faz um comparativo entre o funcionamento de jogos 3D e de pré-renderizados. Os primeiros são renderizados na hora, e suas texturas funcionam como complemento dos modelos 3D. Nesse caso, um remaster precisaria apenas substituir as texturas sem ter de recriar os elementos originais da cena. Por sua vez, "Em um jogo pré-renderizado não basta passar um pincel prateado e usar como textura de uma peça de prata em um modelo 3D. É preciso redesenhar ou remodelar o fundo inteiro" (Iscai, 2019).

Trata-se, portanto, de um processo trabalhoso e, por essa razão, nem todas as desenvolvedoras se interessam por realizá-lo. Com o surgimento da técnica Esrgan, os fãs de alguns jogos decidiram proceder a uma remasterização "amadora", produzindo texturas em baixa resolução para essas obras. Exemplo disso é *Resident Evil 2* (1998).

É pertinente mencionar que alguns jogos chegam a texturas perfeitas, mas, em geral, seu aspecto assemelha-se ao de pinturas (Iscai, 2019).

4.4.2 ViZDoom

Trabalhando com um sistema para aprendizado automático de videogames alicerçado em redes neurais e *q-learning*, Lopes e Braga (2017) examinam um caso que vale a pena citarmos aqui: a plataforma VizDoom, baseada no FPS *Doom*, orientada à pesquisa em aprendizagem por reforço baseado em visão.

Conforme os autores,

> [VizDoom] É simples de utilizar, altamente flexível, multiplataforma, leve e eficiente. [...] fornece uma perspectiva semirrealística, em primeira pessoa, do mundo virtual 3D. [...] dá ao usuário total controle sobre o ambiente. Múltiplos modos de operação facilitam a experimentação com diferentes paradigmas de aprendizagem como a aprendizagem por reforço, aprendizado por formação, aprendizado por demonstração e o aprendizado supervisionado. Utilizando apenas uma captura de tela, a plataforma consegue criar um bot que jogue o jogo. Para testes da plataforma, foram utilizados dois estágios customizados do jogo: um simples de movimentação e tiros e um mais complexo de navegação em um labirinto. (Lopes; Braga, 2017, p. 16)

Ela dispõe de vários recursos que podem ser empregados em experimentos com inteligência artificial. "As principais características incluem diferentes modos de controle, cenários personalizados, acesso ao *buffer* de profundidade [...] e renderização fora da tela, eliminando a necessidade de usar uma interface gráfica" (Lopes; Braga, 2017, p. 17).

O VizDoom contempla quatro tipos de controle: 1) jogador síncrono; 2) espectador síncrono; 3) jogador assíncrono; 4) público assíncrono. Sobre o tema, Lopes e Braga (2017, p. 17) esclarecem:

> No modo assíncrono, o jogo corre a constantes 35 quadros por segundo e se o agente reage muito lentamente, ele pode perder alguns *frames*. Por outro lado, se ele toma uma decisão muito rapidamente, ele é bloqueado até [...] o próximo quadro chegar da *engine*. Assim, para reforço de aprendizagem da pesquisa os mais úteis são os modos síncronos, em que o motor de jogo espera o tomador de decisões. Desta forma, o sistema de aprendizagem pode aprender no seu ritmo e não é limitado por quaisquer constrangimentos temporais. É importante observar que, para fins de reprodutibilidade e depuração experimentais, o modo síncrono é executado de forma determinística. Nos modos de jogador, é o agente que faz ações durante o jogo. Em contraste, nos modos de expectador, um jogador humano está no controle, e o agente só observa as ações do jogador. Além disso, ViZDoom fornece um modo *multiplayer* assíncrono, que permite jogos envolvendo até oito jogadores em uma rede.

No que concerne aos cenários, os autores complementam:

> Uma das características mais importantes de ViZDoom é a capacidade de executar cenários personalizados. Isso inclui a criação de mapas apropriados, programando a mecânica de ambiente ("quando e como as coisas acontecem"), definindo condições terminais (por exemplo, "matando um certo monstro", "chegar a um determinado lugar", "morreu") e recompensas (por exemplo, por "matar um monstro", "Se machucar", "pegar um objeto"). Este mecanismo abre uma ampla gama de possibilidades de experimentação. (Lopes; Braga, 2017, p. 17)

Por fim, quanto ao *buffer* de profundidade, VizDoom pode acessar o do processador, o que contribui para que o agente interprete corretamente as informações visuais recebidas.

Diante do exposto nesta e noutras seções, podemos concluir que inteligências artificiais fundamentadas em redes neurais podem otimizar enormemente os jogos, afetando a experiência tanto de quem joga quanto de quem desenvolve games.

4.5 Estado da arte da inteligência artificial em jogos

Já são parte de nossa realidade "games com gráficos incríveis (chegando a imitar a realidade), simulando a física real e tendo uma inteligência artificial convincente" (Reis, 2012). Da mesma maneira, há produções que priorizam outros aspectos em detrimento da inteligência artificial.

Com base na pesquisa conduzida por Reis (2012), apresentaremos brevemente, considerando alguns estilos e ferramentas, a situação atual da inteligência artificial nessa área. Dessa maneira, esperamos oferecer ao leitor o conhecimento necessário para usar diversas e produtivas técnicas em seus games.

Tiro em primeira pessoa

Nesse gênero, destacam-se games como *Counter-Strike* e *Quaker*. Segundo Reis (2012), é um tipo simples de implementar e muitos designers iniciantes começam a atuar na área com eles. Geralmente, são bastante violentos e seguem a regra: "andar, atirar e matar os oponentes (não exigindo muito raciocínio do jogador" (Reis, 2012) – alguns fogem desse padrão, como *Half-Life*.

Uma técnica de inteligência artificial comum nesses jogos são as já citadas máquinas de estados finitos, cuja principal desvantagem são os comportamentos repetitivos, caso uma situação se repita, e limitados. Soma-se a isso a aplicação de lógica *fuzzy* (Reis, 2012).

Reis (2012) destaca como estratégia interessante a mescla dessas duas ferramentas, o que culmina nas **difusas máquinas de estados finitos**, o que faz "os oponentes parecerem 'razoavelmente inteligentes'".

Estratégia

Nessa categoria se inserem jogos como os da franquia *Civilization* e *Age of Empires*, cujos obstáculos são superados por meio do uso de raciocínio lógico.

Seus desenvolvedores precisam lidar com questões como "ritmo de produção de unidades e instalações, [...] a frequência e a localização dos ataques ao jogador humano" (Reis, 2012), entre outras. Para tanto, a fim de ajustar a dificuldade e a jogabilidade da produção, comumente recorrem a fusão entre máquinas de estados finitos e sistemas baseados em regras – os quais podem ser implementados por testes de condição e comparação com as regras predeterminadas da situação em curso (Reis, 2012).

Outra possibilidade é a implementação de **sistema baseado em planejamento**, o qual armazena planos de ação que são escolhidos pelo jogador de acordo com a fase atual, tendo como vantagem o fato de as atividades dos personagens não serem tão repetitivas (Reis, 2012).

Corrida

Embora pareçam fáceis, algumas dessas produções apresentam níveis extremamente complexos e têm alto grau de personalização, como é o caso da famosa franquia *Need for Speed*.

Nesse gênero, é usual lidar com **algoritmos genéticos**, que promovem a evolução e a mutação de estruturas do game, tal como na teoria darwinista, para que executem a melhor *performance* possível. Assim, "os designers podem criar vários tipos de carros baseando-se em um deles", o que oferece dois resultados: 1) maior diversão, já que o jogador conseguirá enfrentar diferentes adversários; e 2) redução do tempo de produção do game e da inteligência artificial necessária (Reis, 2012).

Futebol

Em termos de inteligência artificial, os jogos de futebol e de esportes em geral são os mais próximos da vida real.

Em seu desenvolvimento, usam-se redes neurais, de modo que "jogadores de futebol aprendam a interceptar a bola durante a partida" (Karlsson, 2006, citado por Reis, 2012). Além disso, é possível aplicar lógica *fuzzy* desde a definição de faltas, o que determina a força dessa ação e como o jogador deve lançar a bola ao gol (Reis, 2012).

4.5.1 Replicação de códigos, criação de fases e configuração de agentes por meio de IAs

Proliferam-se notícias sobre humanos sendo derrotados por inteligências artificiais (Ias) em jogos, como xadrez e shogi. Essa proposta foi alçada a outro nível quando pesquisadores do Instituto de Tecnologia da Georgia, nos Estados Unidos, programaram um *software* capaz de recriar o código-base de videogames 2D (ainda se restringe a eles porque os 3D requerem maior poder computacional) ao assistir a diversas partidas entre jogadores (Müller, 2017).

Essa IA analisa quadro a quadro do jogo e mede a velocidade dos movimentos executados e a distância entre os objetos no cenário, assim descrevendo o percurso realizado pelos personagens nesse ambiente. Essas informações são expandidas pela integração do *software* com a biblioteca do desenvolvedor, que traz dados sobre os comandos e as possibilidades do game. Com isso, a IA pode reprogramar o jogo em várias linguagens, registrando tudo como relações lógicas básicas (Müller, 2017).

Esse processo foi executado em cima dos jogos *Super Mario Bros.* e *Mega Man* e, evidentemente, apresentou erros, mas há certo otimismo de que as versões futuras conseguirão examinar games mais complexos e até o comportamento de criaturas no mundo real por meio de câmeras (Müller, 2017).

Além de *softwares* que reproduzem a programação de jogos, profissionais da área têm trabalhado em programas capazes de concluir os níveis de videogames. É o que propõe o Mario IA Championship, iniciado em 2009 e centrado nas linguagens Java e Python e na *engine* do game *Mario Infinity* para computadores (mesma física, colisão e itens) (Silva Júnior, 2012).

Nessa competição, os participantes podem seguir dois caminhos: 1) criar cenários/fases ou 2) configurar agentes para finalizar as fases no menor tempo possível (o limite de tempo de movimento estabelecido é de 40 ms em um MacBook PRO equipado com processador Core 2 Duo de 2 GHz). Nesses casos, são avaliadas a jogabilidade da fase e a similaridade do modo de jogar do agente em comparação com um ser humano (de que maneira ele resolve conflitos para avançar no jogo) (Silva Júnior, 2012). Os competidores desenvolveram uma interface de implementação do agente entendida pelo mecanismo *ch.idsia.agents. Agent*, ao passo que as informações do cenário constam em *ch.idsia.benchmark.mario.environments.MarioEnvironment*. Essa interface retorna uma matriz 21 × 21, na qual o personagem encontra-se em 11 × 11. Outras classes e métodos usados concernem à localização dos inimigos, ao tempo limite do cenário etc. Para a criação desse agente com alguma IA, é disponibilizada no campeonato a interface *LearningAgent* (Silva Júnior, 2012).

O vencedor do primeiro campeonato, Robin Baumgarten, criou uma técnica de três partes: 1) simulação da física do jogo, verificando forças de salto e velocidade diferentes para prever onde o personagem aterrissaria; 2) busca de caminhos, averiguando não só o ponto de aterrisagem, mas também os inimigos próximos e os possíveis passos seguintes; e 3) cálculo de variáveis, para determinar quais saltos e movimentos estavam no tempo limite (Silva Júnior, 2012).

Na edição de 2009, Erek Speed configurou um agente que se baseava em regras para tomar decisões e evoluía por meio de algoritmos genéticos. Por sua vez, Sergio Lopez projetou um sistema de regras simples que respondia a duas questões: O personagem consegue pular? Caso sim, qual salto deve realizar? As respostas orientavam-se por informações ambientais, como se havia algum inimigo próximo ou buracos no cenário (Silva Júnior, 2012).

Nesse período, o projeto Realm (*A Rule-Based Evolutionary Computation Agent that Leanrs to Play Mario*) estruturou outro sistema de aprendizagem baseado em regras (descritas por 0 para falso e 1 para verdadeiro) determinadas por variáveis. Isso gerou quatro grupos de ação: 1) progresso (correr, pular etc. em direção ao objetivo); 2) ataque (pular sobre ou lançar poderes em inimigos); 3) esquiva (desviar de investidas inimigas); e 4) evolução (buscar vantagens sobre os inimigos, como armas ou invulnerabilidade temporária) (Silva Júnior, 2012).

Na tomada de decisão de um agente (se foge ou ataca, por exemplo), todos os inimigos e objetos no mapa têm um peso (valor). O plano de ação e o peso são enviados a um simulador interno, responsável por definir, conforme o caso, a estratégia mais adequada e eficiente para atingir o objetivo do jogo. Apesar de seus acertos, o Realm tem como principal problema o grande tempo que leva para escolher a ação a ser executada (Silva Júnior, 2012).

CARACOLLA/Shutterstock

CAPÍTULO 5

JOGOS *INDIE*

De acordo com Cruz (2016, p. 45), "jogos independentes (ou *indiegames*) são jogos eletrônicos produzidos sem o auxílio das chamadas publicadoras. Comumente criados por uma pequena equipe ou até por apenas um indivíduo, também diferem dos demais *games* em sua temática, estética e distribuição".

Essas **publicadoras** são "responsáveis por investir no início de um projeto, conseguir licenças e até distribuir e fazer o marketing do produto" (Cruz, 2016, p. 46, grifo nosso), ao passo que "os '*developers*' ou '**desenvolvedores**' são responsáveis pela criação propriamente dita do jogo. [...] desenvolvedoras possuem uma grande equipe dividida em áreas diversas, como programação e design, que seguem as orientações das publicadoras" (Cruz, 2016, p. 47, grifo nosso).

No caso dos jogos independentes,

> o papel das publicadoras é considerado como uma invasão do processo criativo, já que profissionais envolvidos em marketing financiam e fazem propaganda de um jogo de acordo com a sua possibilidade de gerar renda. Dessa forma, ideias que seguem um padrão de sucesso no meio e apelam para uma maioria de consumidores prevalecem sobre as intenções artísticas de funcionários da empresa. (Cruz, 2016, p. 48)

Para darem vida a essas produções, muitas desenvolvedoras independentes recorrem ao financiamento coletivo (*crowdfunding*), procedendo à criação do jogo à medida que batem suas metas de arrecadação.

É pertinente mencionar que o advento e a difusão dos jogos *indie* estão diretamente atrelados à evolução dos recursos tecnológicos e ao amplo e fácil acesso a eles – por exemplo, *softwares* gratuitos e computadores pessoais mais baratos. Isso teve início na década de 1980, mas se intensificou a partir dos anos 2000 (Cruz, 2016).

Na sequência, examinaremos aspectos como enredo, gráficos, jogabilidade, inovação etc. de algumas produções *indie*.

5.1 Características dos jogos *indie*

Segundo Cruz (2016, p. 50),

> Não existe um padrão específico para a estética e jogabilidade dos indie games. O que os distingue visualmente dos jogos de grandes empresas são decisões artísticas ou estratégicas incomuns na mídia, que retomam ideias já consideradas "ultrapassadas" ou "inovam" a experiência de jogo nesse sentido. Essa característica se deve à liberdade de criação e maior possibilidade de colocar em prática uma ideia individual, assim como ter contato mais direto com os futuros consumidores.
>
> Isso faz com que as representações possam ser versões de padrões já existentes na mídia, mas que não se limitam por eles. Mesmo os lançamentos que seguiram o formato comum nos games, o fizeram de uma perspectiva diferente, seja pela falta de orçamento, equipe e ferramentas mais sofisticadas ou pela simples intenção artística dos criadores.

Ainda para a autora, o design desses videogames tem caráter artístico, assemelhando-se ao discurso poético e distanciando-se das obras convencionais (*mainstream*) pela intenção que carrega. Exemplo disso, mencionado em capítulos anteriores, é que, por vezes, essas obras se apropriam de elementos de títulos das décadas 1980 e 1990, a fim de despertar nostalgia e identificação entre os públicos.

> A altamente estilizada, comumente não realista, pixelada e deliberadamente "retrô" estética dos indie games, e sua frequente curta duração, simplificam o processo de produção e permitem a existência de equipes menores, tornando mais fácil mapear a intenção

por trás de um jogo em um único autor (diferente da indústria tradicional), para entendê-lo como um objeto intencionalmente artístico. (Parker, 2013, p. 48, citado por Cruz, 2016, p. 51)

Nessa perspectiva, o debate acerca do fato de games poderem configurar uma expressão cultural e artística, para além do entretenimento, por meio da tecnologia, sobretudo em razão dos temas e técnicas explorados pelos games *indie*, tem estabelecido um gênero apartado: os *artgames*.

Segundo Cruz (2016), tal como o cinema e a música, os games estão passando por um processo de legitimação, a exemplo do que ocorreu com a arte. Para confirmar isso,

> São citados especialmente os títulos Flower (2009), em que se controla o vento e pétalas de flores em um campo e Passage (2007), que dura apenas cinco minutos e faz com que, nesse período, o jogador percorra toda a vida do protagonista. Apesar de sua curta duração e gráficos simples no estilo de jogos dos anos 80, Passage (2007) provoca uma resposta emocional e de reflexão no jogador, o que fez com que se transformasse em um game central na discussão da mídia como arte. (Cruz, 2016, p. 55)

5.2 Exemplos de produções *indie*

Podemos exemplificar a discussão com um jogo bastante antigo: *The Legend of Princess* (2009), um dos primeiros a ser classificado como *independente*. O projeto foi executado por apenas uma pessoa, Joakim Sandberg (conhecido como *Konjak*), e é uma homenagem aos antigos jogos de plataforma, visto que mantém mecânica e estética semelhantes às desses produtos.

Um fato marcante em relação a outros projetos é que, embora seja básico e curto, pode ser interessante para jogadores que apreciam esse tipo de experiência. Aspectos como os itens ocultos na cena de exploração têm sido bem usados e, mesmo soando como truques velhos em jogos, não se tornaram obsoletos de fato.

Outro trabalho do mesmo criador desse jogo é *Chalk* (2007), também *indie* e comparado com games famosos, como *Okami* (Capcom). Apesar de ser simples, emprega 39 mecanismos ligeiramente diferentes, exigindo que os usuários usem uma espécie de giz para remover obstáculos no ambiente, mudando, assim, os arredores do cenário.

Isso prova que, mesmo com poucos recursos e tempo de produção curto, ainda é possível usar mecanismos de várias formas para criar experiências diferentes para os usuários.

Com título improvável de designar videogames *mainstream*, *VVVVVV* (2010) é um jogo de plataforma e quebra-cabeças (*puzzle-platformer*, ou seja, cujo objetivo é desviar de obstáculos e resolver enigmas) constituído por três comandos: direita, esquerda e inversão da gravidade (ou seja, não há a ação de pular, comum em games do gênero). Suas cores, formas e sons lembram títulos do antigo computador Commodore 64 e dos consoles Gameboy e Nintendo Ent. System (isto é, o estilo musical *chiptune*) (Cruz, 2016), o que pode ser verificado, em alguma medida, na imagem adiante.

Figura 5.1 – **Cena de VVVVVV**

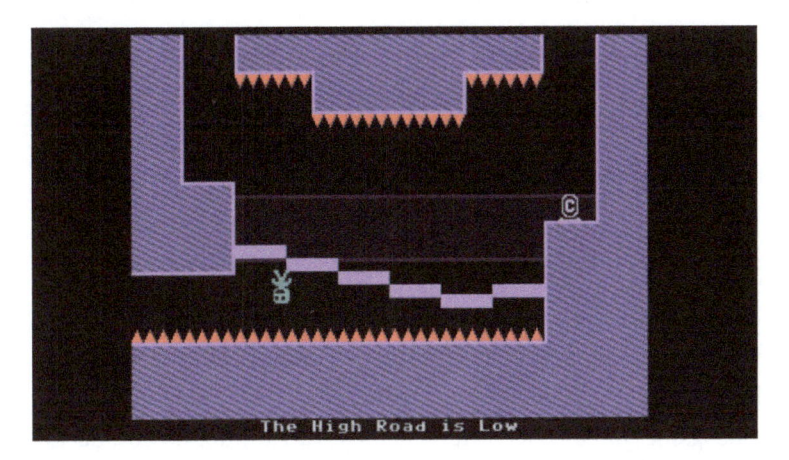

Fonte: VVVVVV..., 2017.

Outra produção *indie* que desafiou os limites conceituais dos videogames foi *Johann Sebastian Joust* (2013), que dispensa telas para ser jogada e foi lançada para Playstation Move (visto na figura adiante) pelo grupo dinamarquês The Gute Fabrik.

Figura 5.2 – **PlayStation Move**

Cruz (2016, p. 54) explica que,

> Nele, os jogadores interagem de acordo com o tempo da música (concertos de Brandenburg de Johann Sebastian Bach), tentando fazer com que os oponentes sejam eliminados. Quando a música está lenta, o controle fica sensível ao movimento e não pode ser movimentado bruscamente. No instante em que a melodia acelera, o jogador pode avançar com velocidade em direção aos outros participantes, tentando fazer com que saiam do ritmo sugerido e sejam desclassificados.

Expressivo sucesso em 2013, outra produção que obrigatoriamente devemos mencionar é *The Stanley Parable*. Desenvolvido por Davey Wreden, trata-se de um *adventure* e *metagame*, isto é, um videogame com foco na história (as ações do jogador desencadeiam distintos finais) e que promove a reflexão justamente sobre o ato de escrever e contar narrativas em jogos.

Aqui, o jogador vê-se na pele de Stanley, um funcionário de escritório que, em um dia qualquer de trabalho, percebe que todos os seus colegas e seu chefe desapareceram misteriosamente. Stanley, então, deve explorar diversos locais (cenários simples, mas com setas, objetos e outros elementos guiando) na tentativa de descobrir o que aconteceu.

Figura 5.3 – **Cena de *The Stanley Parable***

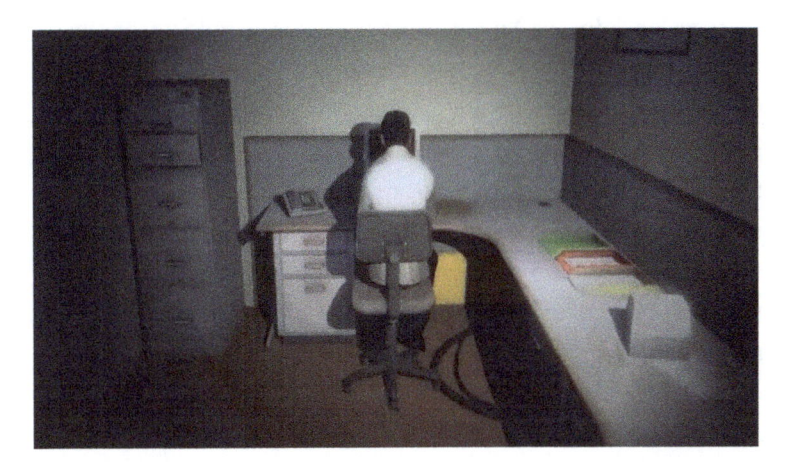

Fonte: The Stanley..., 2021.

Desde os primeiros minutos de jogo, o jogador é acompanhado pela voz de um narrador, que explica o que está em tela e indica ações que Stanley deve realizar ("Então Stanley entrou na porta à direita", por exemplo). Caso o jogador faça o contrário, as falas do narrador se adaptam a essa escolha, dando a sensação de que tudo (as ações humanas em geral) é predeterminado e condicionado por outrem. Com isso, o jogo levanta, provocativamente, debates existenciais, ambientais, trabalhistas etc. muito pertinentes e atuais.

O ponto alto dessa obra, além de seus mais de 12 finais (dois deles até mesmo são uma referência aos jogos *Minecraft* e *Portal*), é justamente o narrador, dublado por Kevan Brighting, que assume um tom que alterna entre o sarcástico e o cômico, despertando todo tipo de emoção no *player*, de medo a tranquilidade.

E por falar em *Minecraft*, foi idealizado por Markus "Notch" Persson, lançado pela Mojang em 2011 e considerado um dos jogos *indie* mais importantes e proeminentes, conforme Cruz (2016).

Como esclarecemos em capítulos anteriores, trata-se de um game que combina sobrevivência e exploração, permitindo a construção livre por meio dos blocos que compõem o ambiente (como é possível notar na imagem adiante), o qual é praticamente interminável e deve ser protegido pelo jogador contra os monstros noturnos (como zumbis, *creepers* – personagens que explodem e destroem tudo ao redor –, esqueletos arqueiros etc.).

Figura 5.4 – **Cena de *Minecraft* em 2011**

Fonte: Official..., 2021.

De acordo com Cruz (2016, p. 46), *Minecraft* vendeu "1 milhão de cópias em 12 de janeiro de 2011, ainda em sua fase Beta, foi comprado em setembro de 2014 (juntamente com a empresa produtora, Mojang) pela Microsoft por dois bilhões de dólares". Diante disso, constatamos que "Títulos completamente independentes ganham não só sucesso comercial, mas também lançamentos em consoles como Playstation 4 (caso de Dear Esther) e apoio de grandes empresas como Microsoft (caso de Braid)" (Cruz, 2016, p. 55). Essa relação crescente com a indústria tradicional tem dificultado a definição dos *indie* games.

Por sua vez, o jogo de plataforma *Celeste* (2018) – desenvolvido por canadenses (Matt Maker Games) e ilustrado por brasileiros (Amora e Pedro, do estúdio MiniBoss), bem como premiado como Melhor Jogo Independente e Melhor Jogo de Impacto no Game Awards em 2018 (Bastos, 2018) – apresenta qualidades estéticas únicas, sendo referência nesse aspecto por seu design feito à mão (o mesmo vale para seus personagens).

Com o uso da tecnologia de coloração celular, seus cenários são totalmente lúdicos, belos e misteriosos, convidando o jogador a explorá-los. "Já a trilha sonora tem como base piano e sintetizadores, evocando sentimentos retrô e modernos ao mesmo tempo" (Farley, 2018).

Sua protagonista é Madeline, que, mesmo sem habilidades suficientes, decide escalar a montanha que dá nome ao jogo, a fim de melhor enfrentar questões internas. "Para avançar, a garota pode pular os obstáculos, escalar paredes e executar um *dash* aéreo para alcançar locais de difícil acesso. Cada tela consiste em um desafio de plataforma 2D focado, inicialmente, na ação de pular" (Farley, 2018).

Figura 5.5 – **Cena de *Celeste***

Fonte: Celeste..., 2021.

À medida que o jogador avança nos capítulos, que são formados por pequenas fases, a complexidade de *Celeste* aumenta, tornando a morte uma experiência recorrente, mas pouco traumática, já que o personagem é revivido rapidamente.

O *level* design desse jogo contempla imensa variedade de situações, com botões, estruturas e novos perigos aparecendo a cada momento. Para os jogadores mais extremos, o jogo oferece capítulos adicionais chamados de *Lado B*, com versões alternativas e mais difíceis das fases.

CONSIDERAÇÕES FINAIS

Com base nas discussões empreendidas, percebemos que o design de cenários é uma disciplina relacionada ao refinamento de conceitos, regras e estruturas que, aplicados, podem proporcionar experiências satisfatórias aos jogadores. Trata-se de uma maneira de pensar o mundo real em um ambiente de fantasia. Nesse sentido, os recursos artísticos confeccionados por diferentes profissionais são colocados em prática por meio de *engines*, que precisam ser utilizadas corretamente para que seja possível alcançar os objetivos definidos no projeto do jogo.

Portanto, a construção desses espaços virtuais tem como norte o projeto de jogo (o design deve considerar o conceito central deste para estabelecer padrões e encontrar soluções), cujas fases devem integrar-se, já que o cenário determina as ações que podem ser realizadas pelo personagem e seus adversários, além de reforçar os sentimentos evocados pela narrativa, o que impacta toda a jogabilidade.

Apesar da grande importância dos recursos tecnológicos nesse processo, o sucesso ou o fracasso de um jogo depende, sobretudo, do fator humano, do quão criativas, ousadas, coerentes etc. são as ideias colocadas em prática.

REFERÊNCIAS

ACHTMAN, R. L.; GREEN, C. S.; BAVELIER, D. Video Games as a Tool to Train Visual Skills. **Restorative Neurology and Neuroscience**, v. 26, n. 4-5, p. 435-446, 2008. Disponível em: <https://www.researchgate.net/publication/23461858_Video_games_as_a_tool_to_train_visual_skill/link/5ae60248aca272ba50817626/download>. Acesso em: 10 nov. 2021.

BACK, B. B. G. **High Bit**. 16 out. 2017. Disponível em: <https://medium.com/tend%C3%AAncias-digitais/a-era-high-bit-9f52d02d85a7>. Acesso em: 10 nov. 2021.

BASTOS, H. **Confira todos os vencedores do The Game Awards 2018**. 7 dez. 2018. Disponível em: <https://meups.com.br/noticias/confira-todos-os-vencedores-do-the-game-awards-2018/>. Acesso em: 10 nov. 2021.

BATES, B. **Game Design**. Boston: Cengage, 2004.

BETHKE, E. **Game Development and Production**. Plano: Wordware, 2003.

BOOT, W. R. et al. The Effects of Videogame Playing on Attention, Memory, and Executive Control. **Acta Psychol. (Amst.)**, v. 129, n. 3, p. 387–398, 2008. Disponível em: <https://pubmed.ncbi.nlm.nih.gov/18929349/>. Acesso em: 10 nov. 2021.

CELESTE Launch Trailer. Disponível em: <http://www.celestegame.com/>. Acesso em: 10 nov. 2021.

CICANCI, B. **Desenvolvimento de jogos utilizando a Cocos2d-x**. 29 set. 2012. Disponível em: <https://gamedeveloper.com.br/cocos2d-x/#:~:text=A%20Cocos2d%2Dx%20%C3%A9%20um,programa%C3%A7%C3%A3o%20%C3%A9%20em%20Objective%2DC.>. Acesso em: 10 nov. 2021.

COLZATO, L. S. et al. Action Video Gaming and Cognitive Control: Playing First Person Shooter Games is Associated with Improvement in Working Memory but not Action Inhibition. **Psychological Research**, v. 77, p. 234-239, 2013. Disponível em: <https://www.researchgate.net/publication/221771239_Action_video_gaming_and_cognitive_control_Playing_first_person_shooter_games_is_associated_with_improvement_in_working_memory_but_not_action_inhibition/link/00b4951bad112490ca000000/download>. Acesso em: 10 nov. 2021.

COLZATO, L. S. et al. DOOM'd to Switch: Superior Cognitive Flexibility in Players of First Person Shooter Games. **Frontiers in Psychology**, v. 1, artigo 8, p. 1-5, Apr. 2010. Disponível em: <https://www.frontiersin.org/articles/10.3389/fpsyg.2010.00008/pdf>. Acesso em: 10 nov. 2021.

CRUZ, C. de A. G. da. **Indie games e a produção de jogos no Brasil**. 92 f. Monografia (Bacharelado em Jornalismo) – Universidade Federal de Juiz de Fora, Juiz de Fora, 2016. Disponível em: <https://www.ufjf.br/facom/files/2016/06/Indie-games-e-a-produ%c3%a7%c3%a3o-de-jogos-no-Brasil-Carolina-Almeida1.pdf>. Acesso em: 10 nov. 2021.

DAMIÃO, M. A.; CAÇADOR, R. M. C.; LIMA, S. M. B. Princípios e aspectos sobre agentes inteligentes. **Revista Eletrônica da Faculdade Metodista Granbery**, n. 17, p. 1-29, jul./dez. 2014. Disponível em: <http://re.granbery.edu.br/artigos/NTIw.pdf>. Acesso em: 10 nov. 2021.

DERAKHSHANI, D.; MUNN, R. L. **Introducing 3dx Max 2008**. Hoboken: Wiley, 2008.

DONOHUE, S. E.; WOLDORFF, M. G.; MITROFF, S. R. Video Game Players Show more Precise Multisensory Temporal Processing Abilities. **Attention Perception & Psychophysics,** v. 72, n. 4, p. 1.120-1.129, May 2010. Disponível em: <https://www.ncbi.nlm.nih.gov/pmc/articles/PMC3314265/>. Acesso em: 10 nov. 2021.

ELLIS, N. Nvidia usa IA para gerar fotos realistas com rostos de pessoas fictícias. **Meio Bit,** 2018. Disponível em: <https://tecnoblog.net/meiobit/395070/nvidia-ia-fotos-realistas-rostos-de-pessoas-falsas/>. Acesso em: 10 nov. 2021.

FARLEY. **Análise:** Celeste (multi). 27 jan. 2018. Disponível em: <https://faru.wordpress.com/2018/01/27/analise-celeste-multi/>. Acesso em: 10 nov. 2021.

FENG, J.; SPENCE, I.; PRATT, J. Playing an Action Video Game Reduces Gender Differences in Spatial Cognition. **Psychological Science,** v. 18, n. 10, p. 850-855, 2007. Disponível em: <https://www.researchgate.net/publication/5949257_Playing_an_Action_Video_Game_Reduces_Gender_Differences_in_Spatial_Cognition/link/5cd300ea-299bf14d9581703b/download>. Acesso em: 10 nov. 2021.

HOTLINE Miami - Official Announcement Trailer. Disponível em: <https://www.youtube.com/watch?v=Nv-XCM8sies>. Acesso em: 10 out. 2021.

ISCAI. **Esrgan, um salto tecnológico para melhorar jogos.** 27 jan. 2019. Disponível em: <https://www.nerdmaldito.com/2019/01/esrgan-um-salto-tecnologico-pra.html>. Acesso em: 10 nov. 2021.

KATHARINE, N. Game Design Tools: Time to Evaluate. In: DIGRA NORDIC CONFERENCE, 2012, Tampere. p. 1-12. Disponível em: <http://www.digra.org/wp-content/uploads/digital-library/12168.46494.pdf>. Acesso em: 10 nov. 2021.

KLEIN, G. **O uso do esboço no design de jogos digitais.** 153 f. Dissertação (Mestrado em Design) – Universidade Federal do Rio Grande do Sul, Porto Alegre, 2014. Disponível: <https://lume.ufrgs.br/bitstream/handle/10183/118899/000969834.pdf?sequence=1&isAllowed=y>. Acesso em: 10 nov. 2021.

KULTIMA, A. Casual Game Design Values. In: MINDTREK, 2009, Tampere. **Anais...** New York: ACM, 2009. p. 58-65. Disponível em: <https://dl.acm.org/doi/10.1145/1621841.1621854>. Acesso em: 10 nov. 2021.

LOPES, R. A. S.; BRAGA, V. G. de M. **Um sistema para o aprendizado automático de jogos eletrônicos baseado em redes neurais e q-learning usando interface natural.** Monografia (Bacharelado em Ciência da Computação) – Universidade de Brasília, Brasília, 2017. Disponível em: <https://bdm.unb.br/bitstream/10483/17240/1/2017_RafaelLopes_VictorGueresi_tcc.pdf>. Acesso em: 10 nov. 2021.

MAGALHÃES, A. C. C. **Storytelling como recurso estratégico comunicacional:** construindo narrativas no contexto das organizações. 2014. Disponível em: <https://www.conrerp3.org.br/wp-content/uploads/2014/08/Artigo-Anita-_-Storytelling-como-recurso-estrat%c3%a9gico-comunicacional.pdf>. Acesso em: 10 nov. 2021.

MÜLLER, L. Nova IA consegue recriar código de games ao "assistir" a humanos jogando. **Tecmundo**, 11 set. 2017. Disponível em: <https://www.tecmundo.com.br/software/121925-nova-ia-consegue-recriar-codigo-games-assistir-humanos-jogando.htm>. Acesso em: 10 nov. 2021.

NOUCHI, R. et al. Brain Training Game Improves Executive Functions and Processing Speed in the Elderly: a Randomized Controlled Trial. **PloS ONE**, v. 7, n. 1, p. 1-9, Jan. 2012. Disponível em: <https://www.researchgate.net/publication/221755655_Brain_Training_Game_Improves_Executive_Functions_and_Processing_Speed_in_the_Elderly_A_Randomized_Controlled_Trial/link/0deec51bed8d8551e9000000/download>. Acesso em: 10 nov. 2021.

OFFICIAL Minecraft Trailer. Disponível em: <https://www.youtube.com/watch?v=MmB9b5njVbA>. Acesso em: 10 nov. 2021.

ONIKEN: Unstoppable Edition. Disponível em: <https://www.youtube.com/watch?v=Nv-XCM8sies>. Acesso em: 10 nov. 2021.

PAGULAYAN, R. J. et al. User-Centered Design in Games. In: JACKO, J. A.; SEARS, A. **The Human-Computer Interaction Handbook**: Fundamentals, Evolving Technologies and Emerging Applications. New Jersey: Lawrence Erlbaum, 2003. p. 883-905.

PEDROSA JÚNIOR, M. A.; CAPARELLI, N. de A.; SERRANO, P. H. S. M. Modelo PVD de criação de powerups: aplicação no ensino. In: SBGAMES, 16. 2017, Curitiba. Disponível em: <https://www.sbgames.org/sbgames2017/papers/ArtesDesignFull/175446.pdf>. Acesso em: 10 nov. 2021.

PILOTI, J. Técnicas e métodos para programação de jogos 2D e 3D. 1º jun. 2017. Disponível em: <https://www.jasonpiloti.com/tecnicas-e-metodos-para-programacao-de-jogos-2d-e-3d/>. Acesso em: 10 nov. 2021.

PRINS, P. J. M. et al. Does Computerized Working Memory Training with Game Elements Enhance Motivation and Training Efficacy in Children with ADHD? **Cyberpsychology, Behavior and Social Networking**, v. 14, n. 3, p. 115-122, 2011.

REIS, K. **Estado da arte da inteligência artificial para jogos eletrônicos**. 17 jan. 2012. Disponível em: <http://www.karenreis.com.br/estado-da-arte-da-inteligencia-artificial-para-jogos-eletronicos/>. Acesso em: 10 nov. 2021.

RIBEIRO, B. et al. **Inteligência artificial em jogos digitais**. Disponível em: <https://www.dca.fee.unicamp.br/~martino/disciplinas/ia369/trabalhos/t4g3>. Acesso em: 10 nov. 2021.

ROGERS, Y.; SHARP, H.; PREECE, J. **Design de interação**: além da interação humano-computador. Tradução de Isabela Gasparini. 3. ed. Porto Alegre: Bookman, 2013.

SAARINEN, T.; KULTIMA, A. Changing Trends: Game Industry Trends in 2009. In: KULTIMA, A.; ALHA, K. (Ed.). **Changing Face of Game Innovation**. Tampere: TRIM, 2011. p. 69-81.

SALEN, K.; ZIMMERMAN, E. **Regras do jogo**: fundamentos do design de jogos. Tradução de Edson Furmankiewicz. São Paulo: Blucher, 2012a. v. 1: Principais conceitos.

SANTOS, R. J. C. dos; SANTOS, S. R. dos. Bricking: modelagem tridimensional de cenários de jogos em camadas. In: BRAZILIAN SYMPOSIUM ON GAMES AND DIGITAL ENTERTAINMENT, 8., 2009, Rio de Janeiro. Disponível em: <http://www.sbgames.org/papers/sbgames09/computing/short/cts9_09.pdf>. Acesso em: 10 nov. 2021.

SCHELL, J. **The Art of Game Design:** a Book of Lenses. Burlington: Morgan Kaufmann, 2008.

SCHELL, J. **A arte de game design:** o livro original. Tradução de Edson Furmankiewicz. Rio de Janeiro: Elsevier, 2011.

SELLERS, M. The Stages of Game Development. In: LARAMEE, F. D. **Secrets of the Game Business.** Topeka: Topeka Bindery, 2004.

SILVA JÚNIOR, N. da. **Agente inteligente que aprende a jogar Mario Bros.** Trabalho de Conclusão de Curso (Graduação em Ciência das Computação) – Universidade do Vale do Itajaí, Itajaí, 2012. Disponível em: <http://siaibib01.univali.br/pdf/Nauro%20da%20Silva%20Junior.pdf>. Acesso em: 10 nov. 2021.

SISNEMA. **Inteligência artificial consegue criar cenários em 3D apenas olhando fotos.** Disponível em: <https://sisnema.com.br/inteligencia-artificial-consegue-criar-cenarios-em-3d-apenas-olhando-fotos>. Acesso em: 10 nov. 2021.

STAIANO, A. E.; ABRAHAM, A. A.; CALVERT, S. L. Motivating Effects of Cooperative Exergame Play for Overweight and Obese Adolescents. **Journal of Diabetes, Science, and Technology,** v. 6, n. 4, p. 812–819, 2012. Disponível em: <https://journals.sagepub.com/doi/10.1177/193229681200600412>. Acesso em: 10 nov. 2021.

SUPER Meat Boy Forever Trailer 2 – Spoilers. 6 jul. 2021. Disponível em: <https://www.youtube.com/watch?v=dNvm_PEF_I>. Acesso em: 10 nov. 2021.

THE STANLEY Parable Launch Trailer. Disponível em: <https://www.youtube.com/watch?v=fBtX0S2J32Y>. Acesso em: 10 nov. 2021.

TOWER of Samsara: Hidden Trasures (Early Teaser – v. 2.1). 7 maio 2021. Disponível em: <https://www.youtube.com/watch?v=iMz_KBoDgCk>. Acesso em: 10 nov. 2021.

VIERTEL, S. **Tutorial:** criando terrenos para Cocos2d-x – introdução à ferramenta Tiled – parte 1. 21 jan. 2014. Disponível em: <https://www.fabricadejogos.net/posts/tutorial-criando-terrenos-para-cocos2d-x-introducao-a-ferramenta-tiled-parte-1>. Acesso em: 10 nov. 2021.

VVVVVV Nintendo Switch Release Date Trailer. 23 out. 2017. Disponível em: <https://www.youtube.com/watch?v=zo-1zGmMJdTU>. Acesso em: 10 nov. 2021.

SOBRE A AUTORA

Lúcia Maria Tavares é formada em Tecnologia da Informação pela Faculdade de Informática e Administração Paulista (Fiap) e em Administração Hospitalar pelo Instituto de Pesquisa e Ensino em Saúde de São Paulo (Ipessp), especialista em Banco de Dados Oracle pela Tecno, tem MBA em Gestão de Serviços de Saúde e é mestra em Governança de TI e Governança Corporativa pelo Centro Universitário das Faculdades Metropolitanas Unidas (FMU). Especialista na área de jogos digitais, é formada pela SAGA Art e tem certificações em projetos e Scrum, Lei Geral de Proteção de Dados (LGPD), Itil, Cobit, arquitetura em nuvem e Six Sigma Yellow Belt. Com 30 anos de carreira, dos quais 20 no mundo corporativo e 10 no mundo acadêmico, foi docente em instituições universitárias como FMU, Universidade Anhembi Morumbi (UAM), Centro Universitário do Norte (UniNorte) e Centro Universitário Ritter dos Reis (UniRitter), ministrando aulas de gestão de TI, gestão corporativa e tecnologia. Atua na área de tecnologia voltada à saúde (planos de saúde e hospitais), com implantação de sistemas e treinamentos e gamificação.

Os papéis utilizados neste livro, certificados por instituições ambientais competentes, são recicláveis, provenientes de fontes renováveis e, portanto, um meio **respons**ável e natural de informação e conhecimento.

Os livros direcionados ao campo do Design são diagramados com famílias tipográficas históricas. Neste volume foram utilizadas a **Sabon** – criada em 1967 pelo alemão Jan Tschichold sob encomenda de um grupo de impressores que queriam uma fonte padronizada para composição manual, linotipia e fotocomposição – e a **Myriad** – desenhada pelos americanos Robert Slimbach e Carol Twombly como uma fonte neutra e de uso geral para a Adobe.

Impressão: Reproset
Maio/2023